삼한 옛이야기
三韓昔がたり

김소운 저작 선집 - 설화편 1

삼한 옛이야기三韓昔がたり

초판1쇄 발행 2024년 7월 30일

엮은이 김광식 · 나카이 히로코
펴낸이 홍종화

주간 조승연
편집 · 디자인 오경희 · 조정화 · 오성현
신나래 · 박선주 · 정성희
관리 박정대

펴낸곳 민속원
창업 홍기원
출판등록 제1990-000045호
주소 서울 마포구 토정로25길 41(대흥동 337-25)
전화 02) 804-3320, 805-3320, 806-3320(代)
팩스 02) 802-3346
이메일 minsok1@chollian.net, minsokwon@naver.com
홈페이지 www.minsokwon.com

ISBN 978-89-285-2002-2 94380
S E T 978-89-285-2001-5 94380

김소운 저작 선집 - 설화편 1

삼한 옛이야기

김광식 · 나카이 히로코 공편

金素雲 著作 選集 - 說話編 1

三韓昔がたり

金廣植 · 中井裕子 共編

목차

Contents

해제

김소운의 「김소운 저작 선집」을 발간하며

김광식

김소운의 「김소운 저작 선집」을 발간하며

김광식

1. 선행연구에 대하여

「김소운 저작 선집」은 1940년대 조선설화집 연구의 기반을 구축하기 위해 기획되었다.

1920년대 전후에 본격화된 조선인의 민간설화 연구 성과를 정확히 자리매김하기 위해서는 1910년 이후에 본격화된 근대 일본의 연구를 먼저 검토해야 할 것이다. 해방 후에 전개된 민간설화 연구는 이 문제를 외면한 채 진행되었다. 다행히 1990년대 이후, 관련 연구가 수행되었지만, 일부 자료에 한정해 진행되었다. 그에 대해 편자는 식민지기에 널리 읽혀졌고, 오늘에도 큰 영향을 미치고 있는 주요 인물 및 기관의 자료를 총체적으로 분석하고, 그 내용과 성격을 실증적으로 검토해 왔다. 관련 논문이 축적되

면서 아래와 같은 관련 연구서도 출판되었다.

권혁래, 『일제강점기 설화 · 동화집 연구』, 고려대학교 민족문화연구원, 2013.

김광식, 『식민지기 일본어조선설화집의 연구(植民地期における日本語朝鮮說話集の硏究—帝國日本の「學知」と朝鮮民俗學)』, 勉誠出版, 2014.

김광식, 이시준 외, 『식민지시기 일본어 조선설화집 기초적 연구』 1 · 2, J&C, 2014-2016.

김광식, 『식민지 조선과 근대설화』, 민속원, 2015.

김광식, 『근대 일본의 조선 구비문학 연구』, 보고사, 2018.

김광식, 『한국 · 조선 설화학의 형성과 전개(韓國 · 朝鮮說話學の形成と展開)』, 勉誠出版, 2020.

또한, 다음과 같이 연구 기반을 조성하기 위한 영인본 『식민지시기 일본어 조선설화집 자료총서』 전13권(이시준 · 장경남 · 김광식 편, 제이앤씨)도 간행되었다.

1. 薄田斬雲, 『暗黑なる朝鮮(암흑의 조선)』 1908 영인본, 2012.
2. 高橋亨, 『朝鮮の物語集附俚諺(조선 이야기집과 속담)』 1910 영인본, 2012,
3. 青柳綱太郎, 『朝鮮野談集(조선야담집)』 1912 영인본, 2012.
4. 朝鮮總督府 學務局調査報告書, 『傳說童話 調査事項(전설 동화

조사사항)』 1913 영인본, 2012.

5. 楢木末實, 『朝鮮の迷信と俗傳(조선의 미신과 속전)』 1913 영인본, 2012.
6. 高木敏雄, 『新日本教育昔噺(신일본 교육 구전설화집)』 1917 영인본, 2014.
7. 三輪環, 『傳說の朝鮮(전설의 조선)』 1919 영인본, 2013.
8. 山崎源太郎, 『朝鮮の奇談と傳說(조선의 기담과 전설)』 1920 영인본, 2014.
9. 田島泰秀, 『温突夜話(온돌야화)』 1923 영인본, 2014.
10. 崔東州, 『五百年奇譚(오백년 기담)』 1923 영인본, 2013.
11. 朝鮮總督府(田中梅吉), 『朝鮮童話集(조선동화집)』 1924 영인본, 2013.
12. 中村亮平, 『朝鮮童話集(조선동화집)』 1926 영인본, 2013.
13. 孫晉泰, 『朝鮮民譚集(조선민담집)』 1930 영인본, 2013.

전술한 연구서 및 영인본과 더불어, 다수의 한국어 번역본도 출간되었다.

우스다 잔운 『암흑의 조선暗黑の朝鮮』(박문사, 2016)을 시작으로, 다카하시 도루 『조선이야기집과 속담』, 다카하시 도루 『조선 속담집』, 강재철 편역 『조선 전설동화』(전2권), 나라키 스에자네 『조선의 미신과 풍속』, 다카기 도시오 『해학과 미학의 한국 옛이야기』, 미와 다마키 『전설의 조선』, 다지마 야스히데 『온돌야화』, 이시이 마사미 편 『1923년 조선설화집』, 조선총독부(다나카 우메

키치) 『조선동화집』, 나카무라 료헤이 『나카무라 료헤이의 조선동화집』, 핫타 미노루 『전설의 평양』, 모리카와 기요히토 『조선야담 전설 수필』, 손진태 『조선설화집』 등 많은 책이 번역되었다.

2. 「근대 일본어 조선동화 · 민담집 총서」의 발간

앞서 언급했듯이, 우스다 잔운 『암흑의 조선』(1908), 다카하시 도루 『조선의 이야기집과 속담』(1910, 1914개정판), 조선총독부 학무국 조사보고서 『전설동화 조사사항』(1913), 나라키 스에자네 『조선의 미신과 속전』(1913), 미와 다마키 『전설의 조선』(1919), 다지마 야스히데 『온돌야화』(1923), 조선총독부(다나카 우메키치) 『조선동화집』(1924), 나카무라 료헤이 『조선동화집』(1926), 손진태 『조선민담집』(1930) 등이 영인되고 번역되었다.

이처럼 1930년에 간행된 손진태 『조선민담집』에 이르기까지의 주요 일본어 조선 설화집이 복각되었다. 계속해서 김광식은 그 중요성에도 불구하고, 복각되지 않은 자료를 정리해 「근대 일본어 조선동화 · 민담집 총서」 전 4권(김광식 편, 보고사)을 추가적으로 간행하였다.

「근대 일본어 조선동화 · 민담집 총서」는 편자가 수집해 온 방대한 일본어 자료 중에서 구전설화집을 위주로 선별했다. 선별 기준은, 먼저 일본과 한국에서 입수하기 어려운 주요 동화 및 민담집만을 포함시켰다. 두 번째로 가급적 전설집은 제외하고, 중요한 민담집과 이를 개작한 동화집을 모았다. 세 번째로 조선민담 · 동화에 큰 영향을 끼쳤다고 생각되는 자료만을 엄선하였다. 「근대 일본어 조선동화 · 민담집 총서」의 목록은 다음과 같다.

1. 『다치카와 쇼조의 조선 실연동화집』
(立川昇藏 『신실연 이야기집 연랑(新實演お話集蓮娘)』, 1926)
2. 『마쓰무라 다케오의 조선 · 대만 · 아이누 동화집』
(松村武雄『朝鮮 · 台灣 · アイヌ童話集』, 1929, 조선 편의 초판은 1924년 간행)
3. 『1920년 전후 일본어 조선설화 자료집』
4. 『김상덕의 동화집/ 김소운의 민화집』
(金海相德 『半島名作童話集』 1943/ 金素雲 『목화씨』 『세 개의 병』 1957)

위와 같이 다치카와 쇼조立川昇藏(大塚講話會 동인)의 실연(구연)동화집, 신화학자 마쓰무라 다케오松村武雄(1883-1969)의 조선동화집을 영인했다. 다음으로 『1920년 전후 일본어 조선설화 자료집』에는 조선동화집을 비롯해, 제국일본 동화 · 민담집, 세계동화집, 동양동화집, 불교동화집 등에 수록된 조선동화를 한데 모았다. 이시이 겐도石井研堂 편 『일본 전국 국민동화』(同文館, 1911), 다나카 우메키치田中梅吉 외 편 『일본 민담집日本昔話集 하권』 조선 편(아르스, 1929) 등의 일본동화집을 비롯해, 에노모토 슈손榎本秋村 편 『세계동화집 동양권』(실업지일본사, 1918), 마쓰모토 구

미松本苦味 편『세계동화집 보물선たから舟』(大倉書店, 1920), 히구치 고요樋口紅陽 편『동화의 세계여행童話の世界めぐり』(九段書房, 1922) 등 세계동화집 및 동양동화집에 포함된 조선 설화를 포함시켰다.

더불어, 편자가 발굴한 아라이 이노스케荒井亥之助 편『조선동화 제일편 소』(永島充書店, 1924), 야시마 류도 편『동화의 샘』(경성일보대리부, 1922) 등도 선별해 수록했다. 그리고『김상덕의 반도명작 동화집』과 함께, 오늘날 입수하기 어려운 김소운의 설화집(『목화씨棉の種』『세 개의 병三つの瓶』)을 한데 묶어서 영인하였다.

3. 김소운「김소운 저작 선집」에 대하여

「근대 일본어 조선동화 · 민담집 총서」에서는 해방 후에 일본어로 간행된 김소운(1907.1.5-1981.11.2)의 민화집(1957년판『목화씨』와『세 개의 병』코리안 라이브러리 목근소년문고)을 처음으로 소개하였다.

김소운에 대해서는 시 · 민요, 수필 관련 연구가 주를 이루며, 설화에 대해서는 거의 연구되지 않았다. 김소운의 설화집은 모두 일본어로 발행되었기 때문이다.

김소운이 데쓰 진페이鐵甚平라는 이름으로 발표한『삼한 옛이야기三韓昔がたり』(1942),『석종石の鐘』(1942),『푸른 잎青い葉っぱ』(1942),『누렁소와 검정소黄ろい牛と黑い牛』(1943)에 관해서는, 노

영희 「김소운의 아동문학 세계 - 鐵甚平이란 필명으로 발표된 네 권의 작품을 중심으로」(『동대논총』 23집, 동덕여자대학교, 1993)가 존재할 뿐, 한국과 일본에서 관련 연구가 매우 적었다. 그러나 김소운은 민요수집과 함께, 조선 민간설화의 수집에도 계속 관심을 지녔다는 점에서 본격적인 연구가 필요하다.

김소운은 잡지 『문장』(1940) 등의 광고란에 「조선 전설자료」라는 제목으로 다음처럼 자료제공을 요청했다.

(전략) □傳童民謠 · 民譚 · 설화류와 한가지로 전설은 향토문학의 긴요한 초석입니다. 지금껏 이렇다 할 集成이 없었고 이 方面에 留意하는 몇몇분의 蒐集이 있다고 하나 이도 숨은 자료라 求得하기가 쉽지 않습니다. 이러한 성과는 대다수의 協同아니고는 바랄 수 없는 바이오니 향토의 기름진 보배를 아끼시는 마음으로 한두篇식이라도 채집에 조력해 주기시를 바랍니다. (중략) 어려서부터 들어오신 傳說, 여행하신 곳곳에서 귀에 담은 전설을 추려뫃아 주십시오. (중략) 문장에 치중치 않고 되도록이면 忠實 정확한 기술을 爲主하기로 합니다.(국어, 조선어 어느 편이라도 좋습니다)

□ 자료를 찾으신 地名, 채집하신 분의 주소 성명을 每篇마다 附記하실 일, 책으로 될때 출처를 一々히 밝히겠습니다.(中央公論社版 · 朝鮮鄉土 叢話 全四卷 · 傳說篇 採錄) (후략)

(金素雲, 「광고 조선전설자료」, 『문장』 2 - 10, 1940.12, 89쪽. 또한, 김소운은 『삼천리』 1941년 3월호, 37쪽에도 유사한 광고를 게재했다.)

위와 같이 김소운은 1940년에 중앙공론사에서 「조선향토 총화」 간행을 계획하고, 본격적으로 조선의 향토전설을 채집하였다. 실제로 김소운은 같은 출판사 잡지에 「조선향토총화」(『中央公論』 55-3, 1940년 3월)를 게재하였다. 그 후에 「조선향토총화」는 간행되지 않았지만, 김소운은 해방 전에 다섯 권의 설화 관련서를 도쿄에서 간행했고, 그 일부는 증쇄되었다. 그 서지 사항은 다음과 같다.

1. 鐵甚平, 『삼한 옛이야기(三韓昔がたり)』, 學習社, 1942.4(講談社學術文庫 1985.5, 1988.1, 5刷).
2. 鐵甚平, 『동화집 석종(石の鐘)』, 東亞書院, 1942.6, 1943.3 재판, 1943.10 삼판.
3. 鐵甚平, 『푸른 잎(青い葉っぱ)』, 三學書房, 1942.11.
4. 金素雲, 『조선사담(朝鮮史譚)』, 天佑書房, 1943.1, 1943.8재판(講談社學術文庫 1986.7).
5. 鐵甚平, 『누렁소와 검정소(黃ろい牛と黑い牛)』, 天佑書房, 1943.5.

『조선사담』을 제외한 4권의 책은 테쓰 진페이鐵甚平라는 이름으로 간행되었다. 이번 선집에서는 기본적으로 초판을 영인하였지만, 자료의 중요성을 감안하여 2. 『동화집 석종』은 1943년 10월의 삼판을, 4. 『조선사담』은 1943년 8월 증보판을 영인하였다. 관심 있는 독자들에게 참고가 되길 바란다.

김소운은 해방 후에도 일본에서 다수의 설화집을 간행하였고, 일본에서 익히 알려져 있다. 필자의 판권지 확인에 의하면, 그 대부분이 증쇄를 거듭해 널리 읽혔다.

1. 『韓國昔話 당나귀 귀 임금님(ろばの耳の王さま)』 세계명작동화전집34, 講談社, 1953, 1956년 5쇄.
2. 『朝鮮民話選 파를 심은 사람(ネギをうえた人)』 이와나미소년문고71, 岩波書店, 1953.12(1987년 4월 29刷, 2001년 新版1刷, 2011년 新版8刷).
3. Kim So-Un, "The Story Bag : a collction of Korean folk tales by Kim So-Un, tr. by Setsu Higashi", Charles E. Tuttle, 1955(『파를 심은 사람』의 英譯).
4. 「불개(日の玉のムク)」, 『世界民話集』 일본아동문고41, 아르스, 1955.
5. 「금강산의 호랑이(金剛山のトラ)」, 日本文藝家協會 編, 『少年文學代表選集』, 光文社, 1955.
6. 「조선의 민화에 대하여(朝鮮の民話について)」, 孫晉泰 『朝鮮の民話』, 岩崎書店, 1956(岩崎美術社, 1966년, 1972년4刷, 손진태 『조선민담집』 간략판).
7. 『목화씨(棉の種)』 목근소년문고1, 코리안 라이브러리, 1957.
8. 『세 개의 병(三つの瓶)』 목근소년문고2, 코리안 라이브러리, 1957.
9. 『아시아의 민화(アジアの民話)』 전6권, 테이프 라이브러리, 녹음교재사, 1959(테이프 포함).

10.「朝鮮編」, 浜田廣介 他編『세계의 민화와 전설(世界の民話と傳說)』6トルコ・蒙古・朝鮮編, さ・え・ら書房, 1961(世界民話 여행6, 1970년1刷, 1982년10刷, 12화 수록).

11.「朝鮮民話」, 奧野信太郎 外,『少年少女世界文學全集』東洋編2, 講談社, 1961.

12.「호랑이와 토끼(トラとウサギ)」, 子どもの文學硏究會 編,『よんでおきたい物語』10, ポプラ社, 1961.

목근소년문고 1, 2로 기획 간행된『목화씨』와『세 개의 병』은, 오사카의 코리안 라이브러리에서 1957년에 간행되었다. 김소운은 '초등생4학년 이상의 아동용'=목근소년문고와 함께, '고교생 이상, 일반 성인용'=목근문고를 계획했지만, 각각 두 권을 출간하고 중단되고 말았다(편집부,「연보」, 김소운 저, 上垣外憲一・崔博光 역,『天の涯に生くるとも』, 講談社, 1989, 334쪽).

한국의 선행연구에서는 김소운의 시와 민요에 대한 연구가 중심을 이루었다. 하지만 김소운은 다수의 설화집을 간행한 것이다. 이처럼 김소운은 1942년 4월부터 1943년 8월에 이르기까지 5권의 설화집을 집필하고 그 중 한 권은 증보판으로 새로 펴냈다. 계속해서 해방 후에도 다수의 설화집을 간행하였다. 해방 후의 설화집들은 해방 전의 자료를 다수 활용했다는 점에서 그 형성과정에 대한 연구가 선행되어야 할 것이다.

그러나 이들 자료를 모두 구하는 것은 결코 녹록하지 않다. 이번에 김소운을 라이프 워크로 하여 수십여 년 동안 연구하여, 최

근에 학위논문을 통해 이를 집대성하신 나카이 히로코中井裕子 선생님께서 소장 자료와 함께 학위논문의 핵심을 흔쾌히 제공해 주셨다. 그 핵심을 한국어와 일본어를 함께 수록하니 각 권의 내용은 이를 참고해 주시길 바란다.

지면 관계상 서문을 중심으로 분석한 글이지만, 이번 선집을 계기로 앞으로 계속해서 민요집, 번역서, 관련서를 출판할 예정이다. 이를 통해서 텍스트, 삽화는 물론이고, 김소운의 삶과 업적에 대한 재평가가 본격화 되어, 복합적이고 중층적인 한일의 정밀한 상호 교차 읽기를 통한 생산적 연구가 지속되길 바란다.

【참고문헌】

김광식 편, 『김상덕의 동화집 김소운의 민화집』, 보고사, 2018.

김광식, 『식민지 조선과 근대 설화』, 민속원, 2015.

김광식, 『근대 일본의 조선 구비문학 연구』, 보고사, 2018.

김광식, 「근대 일본의 조선 설화연구의 현황과 과제」, 『열상고전연구』 66, 열상고전연구회, 2018.

金廣植, 『韓國・朝鮮說話學の形成と展開』, 勉誠出版, 2020.

김광식, 「김소운이 주재한 첫 과외교육잡지 『아동세계』 해제」, 『근대서지』 23, 근대서지학회, 2021.

김광식, 「명랑하고 건전한 '내일의 조선'을 기르기 위하여」, 『문자와 상상』 6, 현담문고, 2021.

김광식, 「김소운의 아동잡지 발간과 조선 설화의 수록 양상 연구」, 『연민학지』 39, 연민학지, 2023.

김소운, 『물 한 그릇의 행복』, 중앙출판공사, 1968.

김소운, 『김소운 수필선집』 1, 아성출판사, 1978.

김소운, 『맨발의 인생행로』, 중앙일보사, 1981.

金素雲, 上垣外憲一・崔博光 譯, 『天の涯に生くるとも』, 講談社, 1989.

나카이 히로코(中井裕子), 「김소운 주재 과외아동잡지에 협력한 일본인들」, 『근대서지』 24, 근대서지학회, 2021.

노영희, 「김소운의 아동문학 세계 - 鐵甚平이란 필명으로 발표된 네 권의 작품을 중심으로」, 『동대논총』 23, 동덕여자대학교, 1993.

오타케 키요미, 「김소운(金素雲)의 아동문화활동」, 『인문과학연구』 21, 성신여자대학교 인문과학연구소, 2003.

中井裕子, 「金素雲の「武器なき戰い」-「朝鮮人をして朝鮮人たらしめよ」」, 同志社大學 大學院 博士論文, 2023.

村上芙佐子, 「金素雲=著作・講演・放送等年譜」, 『比較文學研究』 79, 2002.

村上芙佐子, 「金素雲關係文書資料年譜」, 『比較文學研究』 93, 東大比較文學會, 2009.

해제

김소운의 「조선향토 총서」

글 나카이 히로코中井裕子
번역 김광식

김소운의「조선향토 총서」

나카이 히로코中井裕子

1. 머리말

김소운(1907-1981)은 일본에서 한국 · 조선 민요, 동요, 설화 등 구비문학 및 근대시 번역가로, 한국에서는 수필가로 알려져 있다. 필자는 1945년까지 김소운이 수행한 번역 및 출판을 다룬 박사 학위논문[1]을 완성했다. 학위논문에서 필자는 식민지 지배체제의 강화, 전시체제기 제국일본의 언론탄압 등 갖은 곤경 속에서도 김소운의 출판 분야는 대부분이 조선의 문화였고, 그것을 후대에 남기려는 행위였다고 결론지었다.

---

1 中井裕子,「金素雲の「武器なき戰い」-「朝鮮人をして朝鮮人たらしめよ」」, 同志社大學大學院 博士論文, 2023.

김소운이 생전에 이루지 못했던 '조선향토 총서'를 이번에 김광식 씨와 공편으로 실현하게 되어, 다섯 권의 해제를 쓸 수 있는 기회를 얻었다. 현재까지 수행한 필자의 도달점을 보고 드리고자 한다.

2. 출판 경과

1) 사화(史話) 번역 시도와 그 계기

김소운의 자서전『하늘 끝에 살아도天の涯に生くるとも』에 따르면, 소운이 조선의 신화 전설, 옛이야기 관련 역사의 흔적을 정리하여 네다섯 권의 책으로 엮으려고 마음먹은 것은 중일전쟁이 일어난 1937년 가을 무렵이었다고 한다. 그리고 일본의 "중앙공론사 시마나카 사장[2]이 조선향토 총서 3권[3]의 계약을 수락해 주었다. (중략) 충분하지는 않지만, 일단 이 정도라면 새로운 출발을 위한 준비[4]가 가능했다.『삼국사기』『삼국유사』를 비롯하여『조

---

2 시마나카 유사쿠(嶋中雄作, 1887~1949)는 전시체제 하에서 반군국주의, 자유주의적인 자세를 견지했기 때문에 언론 탄압의 대상자가 되었다. 잡지『부인공론(婦人公論)』은 1942년 경부터 시작된 치안유지법 언론탄압 사건으로 알려진 요코하마 사건으로, 1944년 7월 중앙공론사는 치안유지법에 따라 해산명령을 받아 폐간되었다.

3 잡지『문장』1940년 12월호에서는「조선전설자료」를 모집하고, 이를 中央公論社「朝鮮鄕土 叢書」제4권에 게재하겠다고 당시 계획했음을 확인할 수 있다.

4 한국어판『역려기』의 일본어 번역판 자전『하늘 끝에 살아도(天の涯に生くるとも)』

선인명사전』의 삽화까지 조사하면서 책을 쓸 준비에 여념이 없었다."고 적었다.[5]

그 준비를 위해 소운은 역사서에도 눈을 돌리게 된 것이다. 잡지 『문장』(1940.2)에 실린 수필 「실면한화失眠閑話」에서는 『삼국사기』 『삼국유사』와 같은 상식적인 책들을 이제야 읽게 되었다고 자조적으로 언급하였다. 그 무렵 일본의 잡지에도 몇 편의 번역을 발표하기 시작했다. 첫 번역은 잡지 『중앙공론』(1940.3)에 「조선향토 총화」라는 제목 하에 실린 '조신의 꿈', '연꽃 이야기', '후직의 무덤' 3편이다. 이듬해 『신여원新女苑』(實業之日本社, 1941.9)에는 「고조선의 로맨스」라는 제목으로 '도미都彌 부부', '지귀志鬼', '낙랑의 고각', '바보 온달'이 실렸다. 이들 작품은 『삼국사기』 『삼국유사』 『고려사』를 원작으로 한 사담史譚이다.

실제로 잡지 『문장』(1940.12)에 '조선전설자료'를 모집한다는 일면 광고를 싣고 나서 이듬해 3월 『삼천리』에도 '조선전설자료'(원고 급히 모집, 주소 도쿄 中野區 蘇比亞書院[6])를 게재해 경성과 도쿄에서 한글로 공모를 했다. 이러한 공모 방식은 『언문 조선구전민요집』(1933)이나 아동잡지 주재 시절부터 활용된 수집 방식이었다. 수집된 자료가 실제로 어떻게 반영되었는지는 확인

(講談社, 1989)에 따르면, 시즈코(静子)와의 오랜 별거, 새로운 여성과의 결혼을 위한 비용 준비(마련).

5 김소운, 「ひとひらの雲　黒い雲」, 『天の涯に生くるとも』, 위의 책, 189쪽.

6 일본 상지(上智)대학을 나온 동향의 양 씨가 경영하던 나카노의 고서점(김소운, 『恩讐三十年』, ダヴィッド社, 1954, 233쪽).

하기 어렵지만, 광고를 통해서 총 네 권의 설화집을 계획했음을 확인할 수 있다. 이 무렵의 사정을 김소운은 다음과 같이 회고하였다.

용지 사정이 극도로 궁핍하고, 일일이 출판협회의 사정査定과 승인을 받아야만 되는 시기였으니 어려움이 하나 둘이 아니었다. 특히 내 향토의 전승과 역사, 현대 서정시 등은 긴급하지 않은 한가한 일로 치부되던 당시에는 당연한 상식이었다. 그러나 그런 시대였기에 더욱 더 조국을 바르게 알리고 싶었다. 일본인에게 그리고 내 동포들에게도. 일본 땅에서 자란 동포 2세 사제들은 충무공이 누군지, 성삼문이 무슨 일을 했는지 알 길이 없었다.(『하늘 끝에 살아도』 282쪽)

여기에서 '향토의 전승과 역사'란 조선인의 민족성이 가장 잘 드러나는 것으로, 소운은 그것을 일본인과 동포, 재일조선인에게도 알리려 한 것이다.

2) 출판 규제의 강화

그러나 이후 이시카와 다쓰조石川達三의 「살아있는 병사生きてゐる兵隊」가 실린 잡지 『중앙공론中央公論』 1938년 3월호가 신문지법 41조 위반 혐의로 당일 발행금지 처분을 받았고, 이시카와도 징역 4개월, 집행유예 3년의 유죄 판결을 받게 되었다. 이

것은 패전 이전의 일본문학사에 새겨진 대표적 언론탄압 사건이 되었다. 중앙공론사도 그 대상에 포함되어, 당국으로부터 해산명령을 받음으로써, 조선향토 총서 계획은 무산되고 말았다. 그러나 이후에도 하나의 출판사가 아니더라도 기록으로 남기는 것을 최우선이라고 생각한 소운은 다섯 권의 설화집을 간행하였다.

이처럼 전시체제기에 이르러 출판계에 대한 통제와 탄압이 강화되었는데, 아동용 도서도 예외는 아니었다. 1938년 10월 내무성은 '아동 독물讀物 개선에 관한 지시 요강'이라는 세부 지침을 출판계에 전달했다. 내무성은 이 요강에서 활자 크기, 행간 등 인쇄 규정에서부터 현상모집, 광고, 부록, 삽화, 내용, 대상 연령 등을 구체적으로 지시했다. 아사오카 야스오淺岡靖央의 『아동문화란 무엇이었나』(つなん出版, 2004)에 따르면, '편집상의 주의 사항 (3)기타' 항목에 "일, 유아잡지 및 그림책에 '어머니 쪽'을 설치하고, '읽게 하는 방법', '읽은 후의 지도법' 등을 해설할 것"(95쪽)이라고 되어 있다. 실제로 『석종』에는 「각서 - 지도자 분께」, 『푸른 잎』에 「후기 - 보호자분도 읽어주세요」가 제시된 것도 이 요강에 기인한다. 김소운은 출판 절차상 금서나 복자伏字 대상이 되지 않도록 세심한 주의를 기울여 '아동독서 개선에 관한 지시요강'을 따른 것이다.

3. 출판의 실제

표지와 〈표 1〉에 서지 정보를 정리하였다. 먼저 내용을 개괄하자면, 『삼한 옛이야기三韓昔がたり』는 고구려, 백제, 신라 삼국의 사화집史話集이다. 한편, 『조선사담』에서는 고려시대(8편)와 조선시대(9편)를 다루었다. 『조선사담』 초판은 1월에 조선조 5대까지만 다루었기 때문에,[7] 같은 해 8월 증보판에서 후반부를 보충하였다. 『누렁소와 검정소黃ろい牛と黑い牛』는 고려시대와 조선시대 야사(야담)집이다.

한편 『석종』과 『푸른 잎』은 소운이 '동화집'이라고 칭한 것처럼 전래동화집이다. 다만 『석종』 중, 「해를 맞이하는 내해」, 「석종」, 「당나귀 귀 임금님」 3편은 『삼국유사』에 있는 이야기로, 본래 『삼한 옛이야기』에 들어가야 마땅하겠지만, 이야기의 전기성傳奇性이 강해서 옛이야기집에 수록한 것으로 보인다. 『석종』은 적어도 3판까지 12,500부를 발행했다. 이는 학교 추천도서 등으로 집단 구매됐을 가능성도 있다.

7 『조선사담』 초판의 마지막 이야기 「紫衣娘子」의 시대적 배경은 1450년대로 문종(제5대), 단종(제6대)의 치세에 해당된다.

〈표 1〉 다섯 권의 표지 및 서지 정보

『삼한 옛이야기』

『동화집 석종』

『푸른 잎』

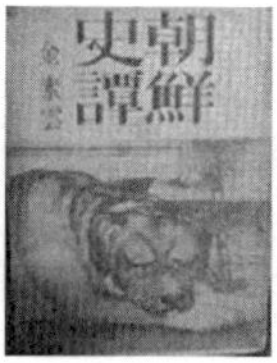

『조선사담』

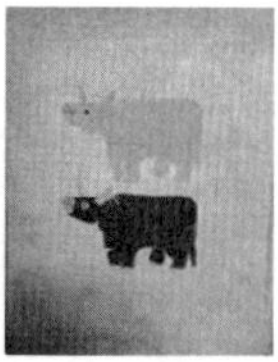
『누렁소와 검정소』

서명	『三韓昔がたり』	『童話集石の鐘』 『石の鐘』	『青い葉つぱ』	『朝鮮史譚』	『黃ろい牛と黑い牛』
저자명	鐵甚平	鐵甚平	鉄甚平	金素雲	鐵甚平
출판 연월일	①1942.4.25	②1942.6.20 ⑤1943.3.20재판 ⑧1943.10.20삼판	③1942.11.20	④1943.1.1 ⑦1943.8.5재판	⑥1943.5.25
출판사	學習社	東亞書院	三學書房	天佑書房	天佑書房
장정 삽화	岡村不二男	大石哲路	高野てつじ	삽화 없음	高野喆史(てつじ)
가격	65전	1엔 30전	1엔 50전	2엔	1엔 60전
인쇄 부수	불명	각 5천 부 재판 2,500부	천5백 부	5천 부 재판 3천 부	5천 부
비고	學習社文庫 시리즈			상자「鬪犬圖」 표지 뒷표지에 마패	제목 없음 여백에 동요 17편

(단지 이 서지정보는 필자가 입수한 책에 한정.)

저자명은 앞서 언급한 바와 같이, 철진평鐵甚平(테쓰 진페이)이라는 필명으로 네 권, 『조선사담』만 김소운金素雲으로 간행되었다. 출판 연도는 1942, 43년에 집중되어 있다. 발행부수는 『삼한 옛이야기』는 학습사문고 시리즈 중 한 권으로 발매되어 확인할 수 없지만, 동아서원 『석종』은 3판까지 총 12,500부가 발행되었고, 천우서방[8] 『조선사담』은 초판과 증보판을 합쳐서 8천 부, 삼학서방 『푸른 잎』은 1,500부, 『누렁소와 검정소』는 5천 부로 필자가 소장한 책만 보더라도 대략 3만 부 이상이 유통되었다.

또한 이 출판을 시간 순으로 다시 정리하면 ①『삼한 옛이야기』 → ②『석종』 → ③『푸른 잎』 → ④『조선사담』 초판 → ⑤『석종』 재판 → ⑥『누렁소와 검정소』 → ⑦『조선사담』 증보판 → ⑧『석종』 삼판이다. 『석종』의 재판 및 삼판 내용이 초판과 동일한지는 확인하지 못했지만, 『조선사담』은 초판과 증보판이 다르다. 이에 대해서는 후술하겠다.

삽화 작가는 『삼한 옛이야기』가 오카무라 후지오岡村不二夫[9], 『석종』은 오이시 테츠로大石哲路[10], 『푸른 잎』과 『누렁소와 검정

---

8 천우서방에서는 鐵甚平이라는 필명으로 마쓰시로한 가로(松代藩 家老) 온다 다미요리(恩田民頼)의 史傳『恩田木工』도 출판되었다.

9 오카무라 후지오(岡村不二夫)는 1904년 사이타마현 출생. 서양화가 후지시마 다케지(藤島武二, 1867-1943)에게 배우고, 가와바타 그림학교에서 수학. 아동서의 장정과 삽화, 문예서의 장정 등을 다수 작업. 패전 후에는 夫二로 개명하고 新潮社 촉탁으로 신문 삽화가의 선구자가 되었다. 수필『북의 강 · 남의 바다(北の河 · 南の海)』 등.

10 오이시 테츠로(大石哲路, 1908-1990) 일본화가, 동화가, 五元미술연맹 회장. 본적은 후쿠오카현 기타큐슈시. 본명은 테츠로(大石鐵郎), 가와바타 그림학교 졸업, 1941년 제 1회 항공미술 遞信大臣賞 수상. 패전 후에는 화가로 활동하며 한일교류 고원미술

소』는 다카노 테츠지高野喆史[11]이다. 『누렁소와 검정소』는 책등에만 제목이 있고 표지에는 없다. 1943년 열악한 종이 질, 인쇄용 잉크 부족 등 당시의 출판 상황을 단적으로 보여준다. 『조선사담』은 삽화가 없는 대신, 책상자에 김홍도 작품으로 추정된 '투견도'[12]가 사용되었다. 음영법을 도입한 선구적인 면과 뒷면의 쇠사슬에 묶인 투견을 식민지 조선인의 상징으로 이중적으로 감상할 수 있는 장정이다.

이 다섯 권의 출판을 통해 소운이 1930년대 조선의 야담 붐을 일본에서도 일으키려고 기도했다고 생각된다.

4. 『삼한 옛이야기』의 분석

1) 출판 협력자와 「서문」에 보이는 김소운의 긍지矜持

이 작품에는 이야기뿐만 아니라 다음과 같은 다양한 정보가 포함되어 있다. 소운의 「서문」과 「후기」, 44편의 사화史話 뒤에 첨

연맹을 결성.

11 다카노 테츠지(高野喆史, 1901-?) webcatplus에서 패전 후 간행서로 45권을 검색할 수 있다. 전쟁 중에는 5권으로 동화집 『흰 강가의 아이들』, 『소국민을 위한 꿀벌』 등의 삽화를 담당. 패전 후에는 글과 삽화를 함께 담당하는 아동문학가로 활동. 소운과의 인연은 『흰 강변~』이 삼학서방에서 출판되었고, 출판사와 관련되었을 가능성도 있다.

12 한때는 김홍도의 그림이라는 주장도 있었지만, 현재는 부인되고 있다.

부된 삼국시대 연대표, 삼국시대 국왕 계보, 삼국 요람, 조선 역대표, 오카무라의 제본, 표지, 삽화, 이여성의 그림(2폭), 지도(2장), 경주박물관 오사카 긴타로大坂金太郎의 협조로 받은 사진 도판(10장) 등 시각자료이다. 이러한 다양한 내용과 표기에도 주목할 필요가 있다.

『삼한 옛이야기』는 「서문」에서도 알 수 있듯이. '일본의 아동'을 위해 편찬된 작품이지만, 풍부한 자료는 한반도의 역사, 지리, 제도 등 세세한 부분을 아우르는 역사적 성격도 있다.[13] 「후기」에서는 소운이 정리한 조선 역사를 언급하였고, '시각자료'[14]에서는 그 선택과 인물 선정에 대한 진지함을 확인할 수 있다.

다소 장황하지만 「서문」을 요약해 인용하겠다.

먼저 소운은 일본을 '대동아' 선구자로서 먼 길을 떠나는 나그네에 비유해, 오늘날 일본의 어린이만큼 많은 고난을 짊어진 이들은 없다고 적었다. 한편으로 오늘날 일본 어린이만큼 행복으로 축복받은 이들도 없다. 제대로 준비를 잘해서 이 험난한 여정을 잘 헤쳐 나가라고 소운은 격려하였다. 소운은 이 책에는 40여 편의 귀에 쏙쏙 들어오는 '전쟁 및 충성 이야기', '자기도 모르게 실소를 자아내는 가벼운 이야기'에서부터 '뭔가 생각하게 만드

13 유년기에 이 책을 애독한 고보리(小堀桂一郎)는 일본인 학자의 글이라고 생각했다고 증언했다(講談社學術文庫『三韓昔がたり』문고판 해설, 269쪽).

14 참고로 삽화 등 시각자료는 패전 후에 간행된 문고판에서는 인쇄 상태가 조악하다는 이유로 할애되었다(『三韓昔がたり』, 위의 책, 283쪽).

는 이야기'가 있다고 말한다. 그리고 이토록 다르다는 것은 이토록 같다는 것이라고 주장한다. 세로든 가로든 우리 마음은 언제나 넓어져야 한다. 한 사람이라도 더 많은 사람들을 이해하자. 오래된 것을 통해 하나라도 더 많은 새로운 의미를 배워 나가자며 배움의 중요성을 설파하였다.

김소운의 중요한 주장은 다음 부분이다.

> 옛날 지나支那 대륙의 문화가 일본으로 건너오기 전에 대부분 한 번은 조선을 거쳤다. 지리적 의미만이 아니다. 대륙에서 직접 옮기면 제대로 옮길 수 없는 것들도 조선이라는 온실에 한 번 넣고 찜질을 하면, 어느새 그것은 일본의 것이 되었다. 한자나 유교문화, 공예미술 등이 그렇다.

중국의 '한자와 유교문화, 공예예술'은 조선이라는 온실에 한 번 넣고 쪄서 일본 것으로 만들었다는 비유를 통해 조선의 역할을 제시하였다. 여기에 소운의 주장과 자부심이 응축되어 있다.

그 후 일본이 그것들을 '다른 비료'로 키워서 훌륭한 '일본 것'으로 만들어 지금의 일본은 그것을 열 배, 스무 배로 키워 '대동아' 구석구석에 새로운 씨앗을 나누려 하고 있다고 비유했다. 그 역할을 스스로 감당해야 하는 것이 바로 여러분들이라고 독자에게 호소하였다. 이러한 주장에는 전쟁에 대한 직접적인 언급은 없지만, 암시적으로 '많은 고난을 짊어진 이'들에게 각오를 촉구하고 있다.

무엇이 진짜고 가짜인가, 그것을 한 눈에 알아볼 수 있는 방법은 옛날을 떠올리는 것뿐이다. '내일'을 가늠할 수 있는 잣대는 '어제' 밖에 없기 때문이다.

일본의 아이들이여,

모두 함께할 제군들이 나아가야 할 길은 멀다.

그 출발을 축하하는 말을 이 책에 동봉해서 제군들에게 선물하려고 한다.

소화 16년[15] 12월, 홍콩 입장일入場日[16] 저자

'대동아의 선구자', '출발을 축하', '홍콩 입장일入場日'[17] 등 축하 '말씀 드리는'「서문」을 그대로 읽으면 '대동아공영권'의 발전을 지향하는 친일파의 문장으로밖에 해석되지 않는다. 그러나 태평양전쟁 발발 직후 전시 체제의 검열과 언론 통제 하에 물자 부족이 가중되는 상황에서 한가한(긴급하지 않은) 동화집을 출판하는 것이 얼마나 어려웠는지를 이해할 필요가 있다.

또한, 소운의 "마음속의 언어로 제군들에게 말한다. - 제대로 준비해서 이 험난한 여정을 헤쳐 나가 달라"는 아동에 대한 따뜻한 시선, '조선이라는 온실'과 같은 세심한 비유, "옛날 지나支那

15 1941년

16 이러한 전쟁 협력 발언을 통해서 당시 "출판협회를 이해시켜 용지를 배급받을 수 있었다"고 김소운은 기술했다(일본어 번역판『하늘 끝에 살아도』, 283쪽).

17 1941년 12월 8일 일본의 홍콩 '침략, 점령'을 일본에서는 당시 '입장'이라고 표현했다.

대륙의 문화가 일본으로 건너오기 전에 대부분 한 번은 조선을 거쳤다."는 조선 문화에 대한 자부심도 엿볼 수 있다. 이러한 특징은 이후의 네 권에서도 이어진다. 1940년대에 김소운도 '일선동조론', '대동아공영권', '오족협화'의 환상을 믿었는지도 모르겠다. "무엇이 진짜고 가짜인가" 라는 표현은 시사적이다.

2) 44편의 구성에 대한 분석

지면 관계상 내용 분석은 생략하고, 분석 결과 확인한 특징은 다음과 같다.

(1) 다양한 국가들의 장기간의 생성 소멸

〈주제별 분류표〉에서 대외22, 전쟁21편으로 집계됐는데, 삼한시대라고는 해도 배경은 다양하며, 국명으로는 서라벌(진한), 마한, 변한, 동부여, 다파나多婆那[18], 금관국, 낙랑국, 탐라국, 우산국(울릉도), 류큐국(오키나와), 대화국大和國도 등장하고, 말갈, 돌궐, 후주後周, 수나라, 당나라, 후백제, 마진摩震, 고려 등 오랜 기간 동안 동아시아 민족과 국가들의 생성과 소멸의 역동적 관계사를 엮었다.

18 『삼국사기』에 따르면, 신라 4대왕 석탈해의 탄생국.

〈주제별 분류표〉(『삼한 옛이야기』『조선사담』『누렁소와 검정소』, 중복 허용)

『三韓昔がたり』(全 44 作)(資料 1)　40%以上は赤字

	対外	主従	親子	兄弟	男女	奇異	継承	節操	芸術	信仰	戦争	功績	機知
数	22	7	10	3	11	19	10	16	5	5	21	26	5
%	50	16	23	7	25	43	23	36.4	11	11	48	59	11

『朝鮮史譚』(全 17 作)

	対外	主従	親子	兄弟	男女	奇異	継承	節操	芸術	信仰	戦争	功績	機知
数	10	9	3	0	5	2	8	6	2	4	7	12	4
%	59	53	18	0	29	12	47	35	12	24	41	71	24

『黄ろい牛と黒い牛』(全 25 作)

	対外	主従	親子	兄弟	男女	奇異	継承	節操	芸術	信仰	戦争	功績	機知
数	4	9	6	2	1	0	1	16	5	2	3	19	17
%	16	36	24	8	4	0	4	64	20	8	12	76	68

(2) 수많은 등장인물의 다양한 삶과 죽음

유명한 왕족과 무사뿐만 아니라 승려, 소승, 하급관리, 음악가, 은자, 기생 등 다양한 계층의 남녀노소가 등장한다. 〈주제별 분류표〉에서 주종7(주종主從 관련 이야기 7편), 부자9, 형제3, 남녀10, 계승9, 절조(정조)16이었는데 총 54건이 인간관계이다. 성군의 덕치에서부터 무인들의 공적功績, 주종관계와 가족 간의 애정, 배신, 남녀의 정, 여자들의 질투, 출세욕, 절망까지 다양하게 그려져 있다. 특히 순사殉死, 자결, 절개 등 순교하는 삶이 많이 선택되었다. 또한 예능5에서는 악기와 음악가, 시가詩歌에 대한 소운의 시선을 엿볼 수 있다.

(3) 재미와 신기함에 대한 추구

기이奇異 관련 이야기는 19편인데, 『삼국유사』의 건국신화 난

생卵生과 일광감성日光感性, 천신강림의 신기함, 길조, 흉조, 신앙인의 기적, 꿈의 힘, 윤회 환생, 비보의 힘, 도술 등 초자연적 괴이함이 담겨 있어, 아이들의 흥미를 끄는 효과가 있다. 다만『삼국유사』특유의 신앙적 기적은 '이차돈의 죽음'과 '신기한 구슬' 이야기뿐이고, 불교적 색채가 억제되어 있다는 특징이 있다.

(4) 소멸의 미학

인간은 무상한 존재이다. 따라서 반드시 죽게 마련인데,『삼한옛이야기』에서는 무참한 죽음이 그려진다. 예를 들면, 왕비로부터 모반의 혐의를 받고 효를 다하려고 자결하는 호동(고구려), 신의를 지키고 동료의 죄를 대신해 독배를 마시는 검군(신라), 신의와 충성으로 맺어진 무열왕과 김부식의 영결(신라), 신라의 공격에 몸을 내던진 궁녀들(백제)의 죽음이 애잔하게 그려져 있다.

金素雲の「朝鮮郷土叢書」

中井裕子

1. はじめに

金素雲（1907-1981）は、日本では朝鮮民謡・童謡、民話などの口碑文学や近代詩の翻訳家として知られ、韓国では随筆家として知られている。筆者は、1945年までの金素雲の翻訳・出版活動を博士論文の対象にして検討した。そのなかで、植民地支配体制の強化、戦時体制期の帝国日本の言論弾圧などの困難の中、金素雲が出版を実現しようとしたものはほとんど朝鮮文化であり、それを次世代に残そうとした行為だったと筆者は結論づけた。

今回は、当時実現できなかった「朝鮮郷土叢書」が、金廣植氏の御尽力で再現でき、五冊の解題をさせていただく機会をいただいた。現在までの到達点を報告させていただく。

2. 出版に至る経過

1) 史話の翻訳の試みとその動機

自伝『天の涯に生くるとも』によると、素雲が「朝鮮の神話伝説、昔噺、それに、歴史の落穂《隠》を一とほり整理して、四、五冊の書物をまとめようと思ひ立つたのは、ちやうど支那事変のはじまつた昭和十二年の秋ごろであった」という。また、「中央公論社の嶋中社長[19]が、朝鮮郷土叢書三巻[20]の契約を受け入れてくれた。（略）充分でないけれど、とりあえずこの程度でも新たな出発[21]の路用の準備ができたということだ。/『三国史記』『三国遺事』を初

19　嶋中雄作（1887~1949）。戦時体制下では反軍国主義、自由主義的な姿勢を貫いたため、厳しい言論弾圧の対象となった。雑誌『婦人公論』は1942年ごろからの治安維持法言論弾圧事件として知られる横浜事件によって、1944年7月、中央公論社が治安維持法による解散命令を受け廃刊となった。

20　雑誌「文章」1940年12月号では、「朝鮮伝説資料」を募集し、それを中央公論社「朝鮮郷土叢書」の第四巻に掲載するとしているので、その頃までは計画通りだった。

21　『天涯』によると、静子との別居期間が長引き、新たな女性との結婚を企図した時の費用である。

めとして、『朝鮮人名事典』の挿話まで調べながら、本を書く準備にせわしなかった。」[22]とある。（以下、文中の下線は筆者による）

その準備のために素雲は歴史書にも目を通すようになった。雑誌『文章』（1940.2）掲載の随筆「失眠閑話」では、「『三国史記』『三国遺事』などの常識的書物をようやく読むようになった」(論者試訳)と自嘲的な調子で語っている。その頃、日本の雑誌にもいくつかの翻訳を発表しはじめた。最初の翻訳は雑誌『中央公論』（1940.3）に「朝鮮郷土挿話」と題して掲載された「調信の夢」「蓮花話」「后稷の墓」の三作である。翌年の『新女苑』（実業之日本社1941.9）には「古朝鮮のロマンス」と題して「都彌夫婦」「志鬼」「楽浪の鼓角」「愚温達」が掲載された。これらは『三国史記』『三国遺事』『高麗史』を原作とする史譚の翻訳である。因みに、『中央公論』掲載の「蓮華話」を、小説家の志賀直哉が記憶に残し、能に改作しようとして作品を探し、再掲載したという逸話がある[23]。

実際に雑誌『文章』（1940.12）には「朝鮮伝説資料」募

22 随筆「ひとひらの雲 黒い雲」(『天の涯に生くるとも』講談社学術文庫, 1989) 189頁。以後『天涯』と略記。

23 朝日新聞日曜版、1965年 6月 20日

集の一頁広告を出し、京城宛送付を企図し、また翌41年3月雑誌『三千里』に「朝鮮伝説資料（原稿の至急募集・中野区蘇比亜[24]書院気付）」と京城・東京でハングルによる公募を懸けている。このような公募方式は『諺文朝鮮口伝民謡集』や児童雑誌主宰時代からの蒐集方式である。それが掲載作品に反映したかは不明であるが、この一頁広告の内容を見ると、途中までは募集作品を「第四巻」として出版するつもりだったことがわかる。このころの事情を金素雲は以下のように回想している。

用紙事情が極度に逼迫していて、いちいち出版協会の査定と承認を承けねばならぬ時期だったので、困難な条件は一つや二つではなかった。ことに、私の郷土の伝承と歴史、現代抒情詩のごときは、不急不要の閑つぶしとみなされるのが、その時代としては当然の常識であった。しかし、そうした時代であればこそ、祖国をより一層正しく世に知らせたかった。日本人にも、また私の同胞にも。日本の土地で育った同胞の二世師弟らは、忠武公が誰であり、成三問がなにをした人か、知るべくもなかった。」（『天涯』282頁）

24　「上智を出た同郷の梁さん」が経営していた中野の古本屋（随筆「ブリタニカ」『恩讐三十年』1954, ダヴィッド社, 233頁）

「郷土の伝承と歴史」は朝鮮人の民族性がもっともよく表れているものであり、素雲はそれを日本人にも同胞にも、在日朝鮮人にも伝えようとしたのである。

2) 出版規制の強化

しかし、その後、石川達三「生きてゐる兵隊」掲載の雑誌「中央公論」1938年3月号が新聞紙法41条違反容疑で即日発禁処分となり、石川は起訴され、禁錮4か月、執行猶予3年の有罪判決を受ける。これは戦前の日本文学史に残る言論弾圧事件となった。中央公論社自体もこの対象となって、のちには当局から解散命令を受けるような時局になったため叢書の計画は挫折した。それでも、統一感無しの出版となっても、書き残すことを第一義と考えた素雲の意志によって、五冊の民譚集が世に出た。

このように、戦時体制期に至って出版界への統制・弾圧体制が強化されていったが、児童読物も例外ではなかった。1938年10月に、内務省は「児童読物改善ニ関スル指示要綱」という細部にわたる指示を出版界に提示した。内務省は、この要綱で、活字の大きさ、行間など印刷規定から懸賞・広告・付録（オマケ）・挿絵・内容・対象年齢などこまかく規定した。浅岡靖央『児童文化とは何であったか』（つなん出版、2004）によると、「編集上の注意事項(3)　その他」の中には「一、幼児雑誌及ビ絵本ニ『母の頁』ヲ設ケ、『読ませ方』『読んだ後の指導法』等ヲ解説スルコト」(P95)とある。『石の鍾』に「おぼえがき―指導者方へ―」、『青い葉つぱ』には「あとがき―保護者方もお読みください」があるのもこの要綱のためである。金素雲は出版手続き上、発禁や伏字対象にならないよう、細心の注意を払い「児童読物改善ニ関スル指示要綱」に従ったと思われる。

3. 出版の実際

以下の（表１）に表紙と書誌情報を掲載した。まず内容を概説すると、『三韓昔がたり』は百済・新羅・高句麗の鼎立時代の史話である。『朝鮮史譚』では高麗（８話）、朝鮮時代（９話）を駆け足で辿っている。なお、『朝鮮史譚』は1月の初版では李朝五代しか書けなかった[25]ので、８月の増補版で補充するほど出版を急いだ。『黄ろい牛と黒い牛』は、高麗・朝鮮時代の野史（野談）である。（以後5冊を『三韓』『石鐘』『青葉』『史譚（初）』『史譚（増）』『黄黒』と略記）

25　『史譚』初版の最終話「紫衣娘子」の時代は1451~1453年代で文宗（五代）端宗（六代）の治世にあたる。

（表１）五册の表紙と書誌情報

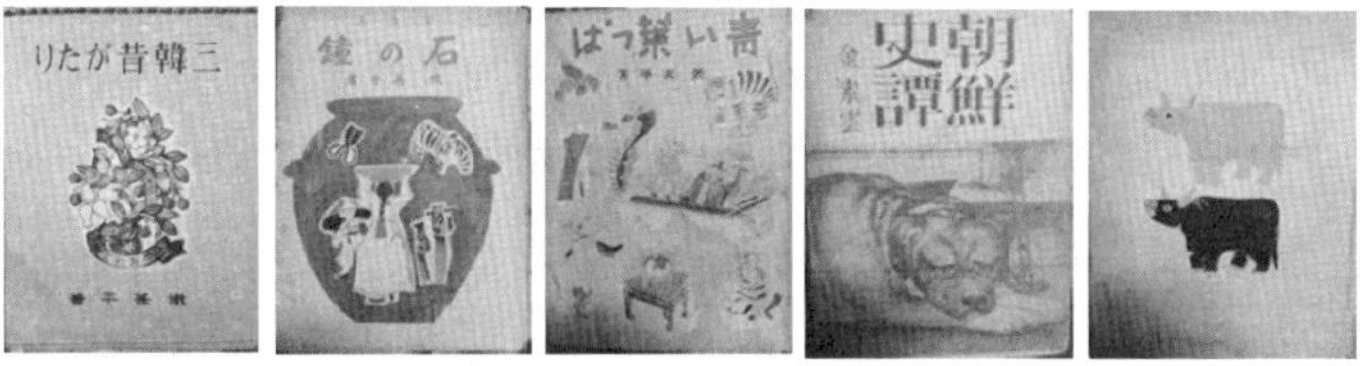

題名	『三韓昔がたり』	童話集『石の鐘』	童話集 『青い葉つぱ』	『朝鮮史譚』	『黄ろい牛と 黒い牛』
作者名	鐵甚平	鐵甚平	鉄甚平	金素雲	鐵甚平
出版 年月日	①1942.4.25	②1942.6.20 ⑤1943.3.20. 再版 ⑧1943.10.20. 三版発行	③1942.11.20	④1943.1.1 ⑦1943.8.5. 再版	⑥1943.5.25
出版社	学習社	東亜書院	三學書房	天佑書房	天佑書房
装幀 挿絵	岡村不二男	大石哲路	高野てつじ	挿絵無し	高野喆史 （てつじ）
価格	六十五銭	一圓三十銭	一圓五十銭	二圓	一圓六十銭
印刷数	不明	5000部 再版2500部	1500部	5000部 再版3000部	5000部
備考	学習社文庫 シリーズ			箱に「闘犬図」 表裏表紙に 馬牌	表紙題字無し 余ページに童謡 17編

（但し、この書誌情報は論者が入手している本に限る）

一方、『石鐘』『青葉』は、素雲が「童話集」と冠しているように、昔話集である。但し、『石鐘』中、「日を迎へるいりうみ」「石の鐘」「ろばの耳の王さま」の三作は『遺事』に記事のある史話で、本来なら『三韓』に入るべき物語だが、素雲は話の伝奇性の強さから昔話に加えたようだ。『石の鍾』は三版まで刊行され、定価が10銭下がり、12,500部の大部の発行となるなど発売効果が高い。これは学校の推薦図書になるなど集団購入の可能性もある。

作者名は前述したように鐵甚平名で四冊、『史譚』だけが金素雲である。出版年は1942、43年に集中している。発行部数は、学習社『三韓』の場合学習社文庫シリーズ中の一冊なので不明だが、東亜書院『石鍾』は三版まで計12500部が発行され、天佑書房[26]『史譚(初)』『史譚(増)』は8000部、三學書房『青葉』1500部、『黄黒』5000部とあるので、筆者の所有本だけみてもおよそ3万部以上が市中に流通したことになる。

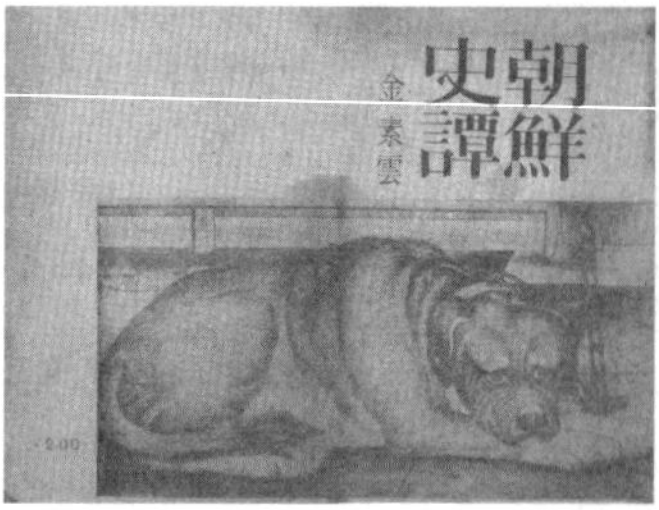

26　この出版社は金素雲が鉄甚平の名で執筆した松代藩家老恩田民頼の史伝『恩田木工』も出版した。

また、この出版を時系列に並べ直すと、①『三韓』→②『石鍾』→③『青葉』→④『史譚（初）』→⑤『石鍾』再→⑥『黄黒』→⑦『史譚（増）』再版→⑧『石鍾』三版となる。この『石鍾』の二・三版の内容が初版と違うかは不明だが、『史譚（増）』は増補版で内容が違う。それについては後述する。

挿絵画家は、『昔がたり』が岡村不二夫[27]、『石鐘』は大石哲路[28]、『青葉』と『黄黒』が高野てつじ（喆史）[29]である。『黄黒』は背表紙だけにしか題名が無い。1943年の紙質の悪さ、印刷インクの不足など、当時の出版状況を物語っている。『史譚』は、挿絵がない代わりに、化粧箱に金弘道作とされた「闘犬図」[30]が用いられている。陰影法を取り入れた先駆の側面と、背後の「鎖に繋がれた闘犬」を植民地朝鮮人の象徴と二重に鑑賞することの出来る

---

27 1904年埼玉県生れ。藤島武二に師事、川端画学校に学ぶ。児童書の装幀や挿絵、文芸書の装幀などを数多くてがけた。戦後は「夫二」と改名し、新潮社嘱託として装幀家の先駆けとなった。随筆『北の河・南の海』など。神楽坂のアトリエを保存して、ご令孫がギャラリーとされた。

28 (1908—1990) 昭和期の日本画家, 童画家 五元美術連盟会長。本籍は福岡県北九州市。本名大石 鉄郎、川端画学校卒、1941年第1回航空美術逓信大臣賞。戦後は画家として活躍し43年日韓交流五元美術連盟を結成。

29 (1901-？) webcatplusでは、戦後に45冊が検索できた。戦中は5冊で、童話集『白い河原の子供たち』『少国民のための蜜蜂』などの挿絵を担当し、戦後は文章と挿絵をともに担当する児童文学作家として活躍した。素雲との縁は『白い河原~』が三學書房での出版だったことが関係しているかもしれない。

30 当時は金弘道作とされたが、現在は否定されている。

化粧箱の装丁である。

筆者は、この五冊の出版活動に、金素雲が30年代に起きた野談ブームを、宗主国でも巻き起こそうとする企図を仮定している。

次に、一冊ずつ検討・分析を加えるが、大別して野史三冊と昔話二冊に大別する。

4. 五（六）冊の特徴

1)『三韓昔がたり』分析

(1) 出版協力者と「序」「はしがき」に現れた金素雲の矜持

この作品には、物語だけでなく以下のような多様な情報が含まれている。それは、素雲の「はしがき」「あとがき」、44話の史話の後に添付された三国時代年代表、三国時代国王系図、三国要覧、朝鮮歴代表、岡村夫二男による装幀・表紙・挿絵、李如星[31]氏の絵画二幅、地図2枚、慶州

---

31 (1901~？) 新光社という出版社を運営し金世鎔と一緒に「数字朝鮮研究」を発行し、朝鮮の現実を批判した。言論に圧力が強まると、弱小民族問題、韓国の服社（服装史）の研究、絵画の研究に没頭し『朝鮮服飾考』を出版。1944年8月の建国同盟の結成に参加し、その後北朝鮮で活動した。1957年、第２期最高人民委員会の代議員に選出。以後不明。李如星の絵画は韓国国内に一枚しか現存しておらず、本作の2枚は貴重である。

博物館の六村大坂金太郎[32]の協力を得た写真図版10枚などの視覚資料である。これら非連続型テキストの選択や表記も注目する必要がある。

『昔がたり』は次に紹介する「はしがき」でもわかるように「日本の子どもたち」（内地・外地の）のために編まれた作品であるが、豊富な資料は、朝鮮半島の歴史・地理・制度など詳細にわたり、歴史書の体をなしている[33]。「あとがき」では素雲が整理した朝鮮の歴史が語られ、「視覚資料」[34]からはその選択や人選に素雲なりの深慮遠謀が感じ取れる。

まず、長いが「はしがき」を要約しながら引用する。

日本を「大東亜の先駆者としての、遥かな旅に上らう」とする旅人に喩え、今日の日本の子供ほど、多くの艱難を背負はされた者はない。／今日の日本の子供ほど、幸福に恵まれた者も

32　六つの部落があったという新羅の建国伝説から取った号を作る程、大坂は慶州を愛していた。『趣味の慶州』慶州古蹟保存会・昭和6年3月刊、『慶州の伝説』（慶州田中東洋軒・昭和7年4月刊）によって、新羅の古都慶州を一挙に有名観光地にした。森崎和江の調査によると、森崎の追跡によると、大坂は併合前から半島に渡り、朝鮮語を学んで教育に携わり、妻の錦織マサとともに食糧問題や民族問題で朝鮮人の側に立ったという。金素雲とは、朝鮮の子女への教育熱と「かわりもの」同志の共感が通じたのではないか。

33　幼年期から愛読して愛蔵していた小堀桂一郎は「普通の日本人の学者の手になるもの」と思ったという。（講談社学術文庫『三韓昔がたり』解説269頁）

34　これらの視覚資料は学術文庫版では小堀桂一郎が「印刷技術的に甚だ粗末」などの理由で割愛した。（前掲書解説283頁）

ない。」として「しっかりと、身支度をととのへて、この険しい旅を歩みぬいてくれたまへ。」と励ましている。この本の中の四十あまりの耳新しい「戦ものがたりや、忠義の話」「思はず顔のほころびるやうな、気軽な話」から「何かきみたちを、考へさせるもの」があるとする。そして、「『こんなにも違ふ。』といふことは、『こんなにも同じい。』といふことだ。縦にも横にも、わたしたちのこころは、もつともつと、広がらねばならない。一人でも多くの人を、理解しよう。古いことを通して、一つでも多く、新しい意味を学び取らう。」と学びの大切さを説いている。

金素雲の重要な主張は、以下の部分である。

昔、支那大陸の文化が、日本へ渡る前には、たいてい一度は朝鮮を通つた。地理的な意味ばかりではない。大陸から直接に移しては、うまく移しきれないものも、朝鮮といふむろの中に、一度入れて蒸しなほすと、ちやんと、それが日本のものとなれた。漢字や、儒教の文化や、工芸美術などがそれだ。

中国の「漢字や、儒教の文化や、工芸美術」は「朝鮮といふむろの中に、一度入れて蒸しなほす」ことで日本のものとできたと比喩で朝鮮の役割を示している。ここに素雲の主張と自負が凝縮されている。

このあと、日本がそれらを「別な肥料」で育て「みごとな『日本のもの』として、それを今の日本は、十倍にも、二十倍にも殖やして、大東亜の隅々に、新しい種を分けようとしてゐる」と比喩する。その「役目を、身をもつて果しあげねばならないのが、きみたちだ。」と読者たちに呼びかけている。ここには戦争への言及はないが、暗に「多くの艱難を背負はされた者」に覚悟を迫っている。

「何がほんもので、何がまがひものか―、それを一目で見わけるには、古い昔を思ひ浮かべるにかぎる。『あす』を計るものさしは、『きのふ』をおいて、ないからだ。」

日本の子供たち、―

相たづさへて、きみたちの行くべき路は遠い。

その門出の祝の言葉を、この、ものがたりの本に添へて、きみたちに贈らうと思ふ。

昭和十六年十二月、香港入場式の日[35]　著者

「大東亜の先駆者」「門出の祝の言葉」「香港入場式の日」など、予祝の「言上げ」のような「はしがき」をそのまま受け取れば、大東亜共栄圏の発展をめざす親日派の文としか思えない。しかし、太平洋戦争勃発直後の戦時体制の検閲下、報道統制下、物資不足の増す中で閑暇な童話集を出版することがどんなに困難なことだったかを理解する必要がある。

35　「この一言で出版協会が目をつむって用紙を配給してくれた」という。(『天涯』283頁)

また、素雲の「こころからの言葉で、きみたちにことづける。—しっかりと、身支度をととのへて、この険しい旅を歩みぬいてくれたまへ。」という子供らへの温かい視線、「朝鮮といふむろ」などの注意深い比喩表現、「昔、支那大陸の文化が、日本へ渡る前には、たいてい一度は朝鮮を通つた」朝鮮文化の先駆性への自負も感じ取れる。これらの特徴は、のちの4冊にも通底している。この作品の中にも、茨木のり子が感じ取った「秘められた抵抗精神」は健在なのか、40年代には、金素雲も「日鮮同祖論」「大東亜共栄圏」「五族協和」の幻想を信じるに至ったのだろうか。「何がほんもので、何がまがひものか—、」という表現が示唆的である。

⑵ 44話の構成とその内容についての分析

内容分析の一覧は紙面の関係で省略するが、分析結果からみた特徴を以下に上げる。

① 多様な国々の長期間の生成消滅

一覧表で「対外22」「戦争21」とカウントしたが、「三韓」時代とはいえ背景は多様で、国名としては徐羅戉（新羅の前の国名）、馬韓、弁韓、東扶余、多婆那、金官国、楽浪国、耽羅国（済州の旧国名）、于山国（鬱陵島）、干尸山国、居柴山国、琉球国、大和国も登場し、靺鞨、突厥、後周、隋、唐、後百濟、摩震、高麗など、長い時代の東アジアの民族や国々の生成消滅のダイナミックな関係史を描いている。

② 多様な登場人物の多様な生と死

有名な王族や武人だけでなく、僧、小坊主、下級官吏、音楽家、隠者、妓生など幅広い層の老若男女が登場する。一覧表で「主従7」「父子9」「兄弟3」「男女10」「継承9」「節操16」としたが、計54件が人間関係である。聖君の徳治から武人の功績、主従や親子兄弟の情愛、その逆の背信、男女の絆、女同士の嫉妬、出世欲、絶望、までが多種多様に描かれている。特に殉死、世捨て、捨身など、節に殉じる生き方が多く選ばれている。また、「芸能5」からは楽器や音楽家、詩歌への素雲の注視が伺える。

③ 「面白さ」「不思議さ」の追求

「奇異19」とカウントしたが、『遺事』の建国神話の卵生伝説や日光感性、天神降臨の不思議さ、吉兆、凶兆、信仰者の奇跡、夢の力、輪廻転生、秘宝の力、道術など、超自然的な怪異が収められて、子どもの興味を引く効果がある。ただし、『遺事』特有の信仰による奇跡は、「異次頓の死」と「不思議な珠」の２話だけで、仏教色は抑えられていることが特徴である。

④ 滅びの美学

人間は無常な存在である。ゆえに、必ず死ぬのだが、『昔がたり』では見事で無慙な死が描かれる。例えば、正妃から謀反の疑いを受け「孝」を貫いて自害する好童（高句麗）、「信」を貫き同僚の犯罪を身に引き受けて毒杯をあおる剣君（新羅）、「信」と「忠」で結ばれた武烈王と金庾信との永訣（新羅）、新羅の攻撃に「もすそをひるがへして」身を投げる数百の宮女たち（百済）などの死が余韻深く描かれる。

(3)「金素雲文体」

小堀桂一郎は、作者を金素雲と知らず愛読していた『三韓昔がたり』の感動を「話も面白かつたが、何よりも文章が立派であった。（中略）私は明らかにその文章の勇勁なひびきに感動してゐた」「敢て言へば隠に籠つた様な少し暗い、そして漢文くづしのやゝ硬い、男性的な迫力を具へた文章だった。」と小堀は回想している[36]。このような格調を生み出す「漢文くづし」文体、小堀氏が「地の文が口語体で、会話部分が文語体といふところが面白い」と評している文語文は、実は多くは『史記』『遺事』の原文に添って訳出した部分である。以下に二例のみ示す。

①17　杵の音（百結先生）

原典「夫死生有命　富貴在天　其來也不可拒　其往也不可追汝何傷乎　吾爲汝　杵聲以慰之（「三国史記」列傳　百結先生）

⇒金素雲訳「死生、命あり。富貴、天に在り。来るや、拒むべからず。去るや、追ふべからず。何もいまさら、くよくよすることはないさ。それぢや婆さん、そなたのために、ひとつ杵の音をつくつて上げよう。」

36　小堀桂一郎「金素雲先生との宿縁」,「比較文學研究」1982年, 第四十一号（『三韓昔がたり』講談社学術文庫, 1985年「解説」に再録, 258頁）

②18　異次頓の忠死

原典「一切難捨　不過身命　然小臣夕死　大教朝行　佛日再中　聖主長安（「三国遺事」興法第三　　原宗興法）⇒金素雲訳「小臣夕に死して、大教朝に行はれれば、何をかうらみといたしませう。**万民の幸のために**一命を棄てることは、露ほども惜しむにたりません。」

このように、原典の味わいをできるだけ生かした人物造形をしようとする工夫がみられる。注目されるのは、②の波線太字の部分のように素雲自身による改変も加わっていることだ。「万民の幸のために」身を捧げる異次頓は金素雲の創作である。

『三韓昔がたり』（全44作）（資料1）　40%以上は赤字

	対外	主従	親子	兄弟	男女	奇異	継承	節操	芸術	信仰	戦争	功績	機知
数	22	7	10	3	11	19	10	16	5	5	21	26	5
%	50	16	23	7	25	43	23	36.4	11	11	48	59	11

『朝鮮史譚』（全17作）

	対外	主従	親子	兄弟	男女	奇異	継承	節操	芸術	信仰	戦争	功績	機知
数	10	9	3	0	5	2	8	6	2	4	7	12	4
%	59	53	18	0	29	12	47	35	12	24	41	71	24

『黄ろい牛と黒い牛』（全25作）

	対外	主従	親子	兄弟	男女	奇異	継承	節操	芸術	信仰	戦争	功績	機知
数	4	9	6	2	1	0	1	16	5	2	3	19	17
%	16	36	24	8	4	0	4	64	20	8	12	76	68

영인

삼한 옛이야기
三韓昔がたり

三韓昔がたり

鐵甚平著

三韓昔がたり

鐵甚平著

岡村夫二男畫

溫達の狩

はしがき

遠い路に旅立つものは、身仕度《みじたく》に心をくばる。わすれもののないやうに、先々《さきざき》で不自由《ふじいう》をせぬやうに――。

日本はいま、大東亞《だいとうあ》の先驅者《せんくしや》としての、遙《はる》かな旅に上《のぼ》らうとしてゐる。苦しみや不便《ふべん》も、さだめし多いことであらう。それでも、行着いた日の樂しさを思へば、苦しみなど、もののかずではない。

今日の日本の子供ほど、多くの艱難《かんなん》を背負《せお》はされた者はない。

今日の日本の子供ほど、幸福《かうふく》に惠《めぐ》まれた者もない。

わたくしは、こころからの言葉で、きみたちにことづける――。しつかりと、身仕度をとのへて、この嶮《けは》しい旅を歩みぬいてくれたまへ。そのためには、その身仕度のためには、きみたちに、知つてもらはねばならぬことが澤山ある。

「三韓昔《さんかんむかし》がたり」と、名づけたこの本の中には、古い昔から朝鮮《てうせん》にあつた、さまざまな語りぐさが集められてゐる。およそ四十あまり――。戰《いくさ》ものがたりや、忠義の話もあるが、とこ

ろどころ、思はず顔のほころびるやうな、氣輕《きがる》な話も取入れておいた。いづれも、きみたちには、はじめて聞く耳新しい話だ。それだけに、何かきみたちを、考へさせるものがあるだらうと思ふ。

「こんなにも違ふ。」といふことは、「こんなにも同じい。」といふことだ。縱《たて》にも横にも、わたしたちのこころは、もつともつと、廣がらねばならない。一人でも多くの人を、理解《りかい》しよう。古いことを通して、一つでも多く、新しい意味《いみ》を學び取らう。

昔、支那大陸の文化《ぶんくわ》が、日本へ渡る前には、たいてい一度は朝鮮を通つた。地理的《りてき》な意味ばかりではない。大陸から直接《ちよくせつ》に移《うつ》しては、うまく移しきれないものも、朝鮮といふむろの中に、一度入れて蒸《む》しなほすと、ちやんと、それが日本のものとなれた。漢字や、儒教《じゆけう》の文化や、工藝美術《こうげいびじゆつ》などがそれだ。

日本は、それらの文化を受取つて、別な肥料《ひれう》で育《そだ》てあげた。だから日本の土の上で、新しく芽《め》を出したときには、もう借《か》りものではない、みごとな「日本のもの」となつてゐた。

今は、ちやうどその逆《ぎやく》だ。日本は、曾《かつ》て受けたものを、十倍にも、二十倍にも殖《ふ》やして、

大東亞の隅々《すみずみ》に、新しい種を分けようとしてゐる。この役目を、身をもつて果《はた》しあげねばならないのが、きみたちだ。

新羅《しらぎ》、高句麗《かうくり》、百濟《くだら》――、これを朝鮮では、三國時代といふ。きみたちが歴史で敎はつたやうに、この三つの國は、今を去るほぼ一千年前に、高麗《かうらい》によつて統一《とういつ》された。(くはしくいへば、新羅に統一されて、それが高麗へ渡されたのだ。)日本といふ一つの海に流れ入るまでには、高麗から李朝《りてう》へと、さらに千年の道のりがつづいたが、ここにあるのは、すべてその三國時代のものがたりだ。

三つの國が、相前後《あひぜんご》して興《おこ》り、また相前後して滅《ほろ》びた。一番永かつた新羅が九百九十六年、高句麗が七百五年、百濟が六百八十年――。地理でいへば、中部朝鮮から北へ、滿洲《まんしう》一帶《いつたい》が、ほとんど高句麗によつて占《し》められ、新羅、百濟が、今日の京畿道《けいきだう》あたりから南へ國を建てた。

したがつて、高句麗は、新羅・百濟を合はせたよりも四、五倍大きく、最も武をもつて鳴らしたが、文化の華《はな》やかさにかけては、新羅が一番すぐれてゐた。また、百濟は、その

ころからすでに日本と親《した》しく、奈良朝《ならてう》・飛鳥朝《あすかてう》の文化と密接《みつせつ》に結ばれてゐた。きみたちがよく知つてゐる王仁博士《わにはかせ》なども、やはりその百濟の人だ。

これらの國が、或は戰ひ、或は和して、千年の年月を經《ふ》る間には、さだめし數多いものがたりが、織上げられたに相違《さうゐ》ない。ところが殘念なことに、それを傳へた書物《しよもつ》がほとんどないのだ。あとにも先にも、ただ二册「三國史記《さんごくしき》」と、「三國遺事《ゐじ》」があるが、これとて、その時代に書かれたものではない。高麗期に入つて、當時の古い記錄《きろく》をたどりながら、書きつづられたものだ。

そんなわけで、この二册のほかには、たよる手だてがない。この「三韓昔がたり」も、それから撰《えら》んだ。

一口に千年といつても、人間の生活歷史に照らせば、ずゐぶんながい時間だ。そのながい時間を隔《へだ》てて、今なほ、われわれのこころに通《かよ》ふことがらがあるとすれば、それはとりもなほさず、これから後の千年を、同じく生きることがらだ。何がほんもので、何がまがひものか――、それを一目で見わけるには、古い昔を思ひ浮かべるにかぎる。「あす」を計《はか》る

いいものさしは、「きのふ」をおいて、ないからだ。

日本の子供たち、――
相たづさへて、きみたちの行くべき路は遠い。
その門出《かどで》の祝の言葉を、この、ものがたりの本に添《そ》へて、きみたちに贈《おく》らうと思ふ。

著者

昭和十六年十二月、香港入城式《ホンコンにふじやうしき》の日

目錄

三韓昔がたり　目錄　終

寫眞版

月の精《せい》・瓦《かはら》模《も》様《やう》——とびら

瑞花滿開《ずゐくわまんかい》の靈樹《れいじゆ》に、餅つきの兎《うさぎ》、蛙蟇《ひきがへる》、仙鬼《せんき》を配したもの。慶州皇龍寺附近發掘《けいしうくわうりゆうじふきんはつくつ》。（新羅統一《しらぎとういつ》時代）

純《じゆん》金《きん》腰《えう》佩《はい》飾《かざり》——目錄カット

文武官《ぶんぶくわん》の禮服《れいふく》に用ひた帶飾《おびかざり》。模寫《もしや》。（三國時代新羅）

三《さん》韓《かん》昔《むかし》がたり

――新《し》羅《らぎ》・高《かう》句《く》麗《り》・百《く》濟《だら》の卷《まき》――

鐵《てつ》 甚《じん》 平《ぺい》

装《さう》幀《てい》
口《くち》絵《ゑ》・挿《さし》絵《ゑ》　岡《をか》村《むら》夫《ふ》二《じ》男《を》

製《せい》版《はん》　加《か》藤《とう》誠《せい》一《いち》郎《らう》

註表

★註は一つ一つの物語の終に。
★一度出た註は番號により註表でしらべる。

三國以前の韓半島
眞番郡
遼東
浿水
玄菟郡
沃沮
蓋馬山
西安平
浿水縣
增地
樂浪郡
朝鮮縣（王險城）
粘蟬
列口
列水
舊朝鮮國
臨屯
濊
帶方郡
含資
辰韓
馬韓
弁韓
斯盧（新羅）
安邪（安羅）
狗邪（加羅）
瀆盧

一、六つの部落

今を去る二千年の昔——。

閼川《あつせん》*一の丘《をか》の上に、六人の老人が集つた。この老人は、辰韓《しんかん》*二の六つの部落《ぶらく》をひきゐる長《をさ》たちであつた。

部落といつても、小さな村ではない。六つを合はせたのが、ちやうど、いまの慶尚北道《けいしやうほくだう》一つより、も少し南へのびた廣さである。

六つの部落は、それぞれ、揚山部《やうざんぶ》、高墟《かうきよ》部、大樹《たいじゆ》部、珍支《ちんし》部、加利《かり》部、高耶《かうや》部に分れてゐた。そして、この六つの部落を受持つてゐる長たちは、後《のち》の世に、李《り》、鄭《てい》、孫《そん》、崔《さい》、裴《はい》、薛《せつ》と名乗る人たちの祖先《そせん》であつた。

六人の長たちは、ときをり一緒に集つては、たがひに連絡《れんらく》をとつたり、部落の人をひきゐるための、大切な打合はせをしたりしてゐた。この日もそんな用事で集つたのである。

さて、相談も一とほりすんで、皆が立上らうといふとき、ふと氣がつくと、丘のはるか向かふの方に、一すぢの光がたなびいてゐる。

「なんだらう、あの光は。行つてみようではないか。」

そこで、六人の長たちは、一緒につれ立つて、その光の垂《た》れてゐるところへやつて來た。それは蘿井《らせい》といふ井戸のそばで、見ると、白い馬が一頭、大きな卵を前にして、しきりに伏拜んでゐる。馬は六人が近づくと、天に向かつて、ひところゐ高くいなないた。すると、それを合圖《あひづ》のやうに、卵がひとりでに割れて、中からは、一人の男の子があらはれた。

ふしぎなこともあるものだと、六人はその赤子を抱きあげて、泉の水で産湯《うぶゆ》をつかはせた。すると、赤子の體からは、神々《かう〴〵》しい光がかがやいて、目もまばゆいばかりである。

長たちは、思はずその場にひざまづいた。

「天が、わたくしたちに、賜はつたに違ひない。この御子《みこ》こそ、わたしたちが、王と仰ぐべきお方だ。心の祈が、いまこそ叶《かな》へられたのだ。」

德《とく》のある君主《くんしゆ》を得《え》たい――、

それは六人の長たちの、かねてよりの、願であつた。その願がかなへられたのである。やがて

赤子は、長たちの手で育てられ、十三歳を迎へたとき、位に立って王と崇《あが》められた。氏《うぢ》を朴《ぼく》、名を赫居世《ホコセ》※三といって、即位《そくゐ》の日から、國號を徐羅伐《ソラボル》※四ととなへた。崇神《すじん》天皇四十一年、漢の宣帝《せんてい》五鳳《ごほう》元年四月である。

赫居世王は六十一年のあひだ國を治めたが、六つの部落は、心を一つにして王様を敬《うやま》った。王様も、親しく國ぢゅうを巡幸《じゅんかう》して、田を耕《たがや》すこと、桑《くは》を植ゑ

ることに力を入れさせ、百姓たちのために、何くれと慈《いつくしみ》をかけたので、國は日ましに、豐《ゆたか》に榮《さか》えていつた。

王の十九年、お隣の弁韓《べんかん》*二が徐羅伐に加つて、いままでの倍にも、領土が廣くなつた。

三十年の夏、樂浪國《らくらうこく》*五の兵が、國境を侵さうとしたが、どこの家でも戸じまりをせず、穀物《こくもつ》や牛馬を、外へ出したままにしてゐるのを見て、

「こんな平和《へいわ》な國を襲《おそ》ふのは、盗《ぬすみ》をするのとかはらない。はづかしいことだ。」

と、手をつけずに、引きあげて行つた。

三十八年の春、赫居世王は、瓠公《ここう》*六といふ臣下を、西の馬韓《ばかん》*二につかはして交《まじはり》を結ばせた。辰韓・弁韓は、もと馬韓の土地だつたので、馬韓の王は、瓠公が行くと、交どころか、あべこべに、腹を立てて殺さうとした。その時は、どうにか無事《ぶじ》に歸つたが、それから間もなく、馬韓の王が亡《な》くなつたので、徐羅伐の臣下たちは、「いまこそ馬韓を攻滅して、怨《うらみ》を晴らしませう。」と、王樣に願ひ出た。すると王樣は、

「人の災《わざはひ》を幸《さいはひ》とするのは、仁《じん》でない。」

といつて、聞入れず、かへつて、使者を送つて、ねんごろにおくやみを述《の》べさせた。

一事が萬事、王樣のなされることは、このとほりであつたから、德望《とくばう》は日に日に集り、五十三年には、遠く東沃沮《ひがしよくそ》*七の王が、駿馬《しゆんめ》二百頭を贈《おく》つて來て、赫居世王の威德《ゐとく》を、たたへたほどであつた。

徐羅伐は、あとで鷄林《けいりん》*八となほされ、三度目に、新羅とあらためられた。一千年の新羅のとびらは、かうして開かれたのである。

一、閼川《あつせん》　慶州《けいしう》の北を、東より西へ流れてゐる川。北川《ほくせん》、東川《どうせん》などともいふ。
二、辰韓《しんかん》　「弁韓《べんかん》」「馬韓《ばかん》」と合はせて、これを「三韓」といつた。
三、赫居世《ホコセ》　始祖《しそ》赫居世は「王」といはず、「居西干《きよせいかん》」といつた。その次の南解王《なんかいわう》を「次々雄《じじゆう》」、三代の儒理王《じゆりわう》から十八代の實聖王《じつせいわう》までが「尼斯今《にしきん》」、十九代から二十一代までは「痲立干《まりつかん》」で、いづれも方言《はうげん》の「王樣」といふ意味である。二十二代の智證王《ちしようわう》から、はじめて「王」といふ言葉が用ひられた。
四、徐羅伐《ソラボル》　ソウル(京《きやう》)といふ言葉の原音《げんおん》。
五、樂浪國《らくらうこく》　今の平安南北道《へいあんなんほくだう》、黄海道《くわうかいだう》。漢《かん》の文化を受けて、めざましい發達を遂《と》げた。
六、瓠公《ここう》　日本の人。瓠《ひさご》を腰《こし》につなぎ、海を渡つて新羅に來たといふ。
七、東沃沮《ひがしよくそ》　今の咸鏡道《かんきやうだう》あたり。
八、雞林《けいりん》　朝鮮の異名《いみやう》。三八ページ參照。

二、高句麗の建國

高句麗《かうくり》の始祖《しそ》は朱蒙《しゆもう》といつて、新羅《しらぎ》の赫居世《ホコセ》王*三とおなじく、やはり、卵から出た人だといはれてゐる。

東扶餘《ひがしふよ》*九の、金蛙王《きんあわう》*一〇が、あるとき、太白山《たいはくさん》*一一の南の河べりで、一人の女に逢《あ》つた。名を柳花《りうくわ》といひ、河伯《かはく》*一二の娘だと名乘つたが、親のいひつけに背《そむ》いたために、家を出されたといふことであつた。

金蛙王は、その女を、東扶餘へつれてかへつたが、女は日ざしをきらつて、いつも暗い日かげに、身をかくした。そして間もなく、大きな卵を一つ生んだ。

金蛙王は、その卵を氣味《きみ》わるがつて、犬に投げてやつたが、犬は見向きもしなかつた。

道ばたに棄《す》てると、牛や馬さへもが、道をよけてとほつた。

叩《たた》き割らうとしたが、殼《から》が固《かた》くて、割ることも出來ない。そこでこんどは、野原へ棄てた。するとと鳥たちが、かはるがはる下りて來ては、つばさで溫めた。

ふしぎに思つて、金蛙王は、また、その卵をひろつて來させた。そして、母親の柳花に

かへした。

柳花は、その卵を、溫い日ざしの下に置き、ぬのぎれで包んで、毎日溫めた。間もなく、殼《から》を破つて、一人の男の子が出て來た。

その子は、顔立から、智慧《ちゑ》から、なんでも人にすぐれてゐた。七つごろから、自分で弓をつくり、矢をけづつて遊んだが、その弓でねらつたものは、百發百中、一度も、あてそこねたといふことがなかつた。

東扶餘の方言《はうげん》では、弓の上手な者を朱蒙《しゆもう》といつた。そこでこれが、そのまま名前になつた。

金蛙王に七人の王子があつて、いつも朱蒙と一緒に遊んだ。けれども一人として、朱蒙にかなふものがない。一番上の帶素《たいそ》が、憎《にく》み嫉《ねた》んで、

「あれは、人間の子ぢやありません。それに、あれだけ達者なうでがあるのです。ほつておいたら、きつといまに禍《わざはひ》をしますよ。あんなものは、今のうちに、殺した方がよくはありませんか。」

と、何度も父の金蛙王に申し出た。しかし、王は氣にもとめず、朱蒙を馬がかりにして、馬の手入をまかせた。

朱蒙は、馬を飼《か》ふことになると、たちのよい立派な馬には、まぐさを減《へ》らして、なるべく痩《や》せるやうに仕向け、駄馬《だば》には、たくさんに食はせて、どんどん肥《ふと》らせた。

王は、ときどき狩《かり》をもよほしたが、そのたびに、自分は肥《こ》えた馬に乗り、朱蒙には痩せた馬をあてがつた。また、朱蒙は弓が上手だといふので、一番小さな矢をつかはせた。けれども、獲物《ゑもの》の多いのは、いつも朱蒙ときまつてゐた。そこで、またまた王子や、王の家來たちが憎み出し、つひには、殺さうとたくらむやうになつた。

朱蒙の母は、このけはひを知つて、そつと朱蒙を逃がした。

「お前ほどの器量《きりやう》なら、どこへ行つたとて、もう何も恐《おそ》れることはない。いいから早くお逃げ。そして、自分の力で、立派な國を建てるがよい。」

朱蒙は母からさういはれて、「それでは――。」と別れを告げ、烏伊《うい》・摩離《まり》・陜父《けふふ》の三人を道づれに、東扶餘を逃《のが》れた。

鴨綠江《あふりよくかう》を渡つて、よほど行つたところで、朱蒙は、また三人の賢士《けんし》に逢《あ》つた。再思《さいし》・武骨《ぶこつ》・默居《もくきよ》といつて、いづれも朱蒙の志を聞き、よろこんで一行に加つた。

朱蒙は六人をつれて、卒本川《そつほんせん》*一三といふところへ着いたが、地味が豐《ゆたか》で、山や河の守《まもり》も申し

ぶんないのを見て、とうとう、ここへ都をおくことになつた。

しかし、まだ宮室《きゆうしつ》をつくるひまがなかつたので、沸流江《ふつりうかう》※一四の岸に、蘆《あし》で假《かり》の宮を建て、國の名を高句麗《かうくり》ときめて、いよいよ王の位についた。

ときに朱蒙の年は二十二歳――。新羅の赫居世が位に上つて、二十一年目である。朱蒙は、それからだんだんよい家來を集め、そのあたりの沸流國・荇人國《かうじん》・北沃沮《きたよくそ》などの小さい國を討從《うちしたが》へて、北に南に、西に東にと、どしどし領土を押しひろげていつた。

九、東扶餘《ひがしふよ》　今の東滿洲《ひがしまんしう》一帶。

一〇、金蛙王《きんあわう》　東扶餘の解夫婁《ヘブル》王に子がなかつたので、山川の神に祈《いの》つてゐたところ、ある時、王を乘せた馬が、鯤淵《こんえん》といふところへさしかかつて、とある石の前に立止り、涙を流した。ふしぎに思ひ、その石を取りのけて見ると、金色の光を放ちながら、一人の男の子が現れた。よろこんで、その子を連れかへり、育て上げて太子にした。これが金蛙王である。顔かたちが蛙《かへる》に似てゐたので、「金色の蛙」といふ意味から、この名をつけたのだといふ。

一一、太白山《たいはくさん》　今の白頭山《はくとうさん》。

一二、河泊《かはく》　河水の神。「東史綱目《とうしかうもく》」によれば、河泊は君長《くんちやう》の意味であるといふ。

一三、卒本川《そつほんせん》　興京《こうきやう》の北。はじめは高句麗の國號を、「卒本扶餘《そつほんふよ》」といつた。

一四、沸流江《ふつりうかう》　豆滿江《とまんかう》の支流《しりう》。

三、少年類利

村の女が、水甕《みづがめ》を頭に乘せて通るところへ、石つぶてが飛んで來て、その水甕に當《あた》つた。石を投げたのは、類利《るゐり》といつて、まだ七、八つの腕白《わんぱく》である。

類利が狙《ねら》つたのは、水甕ではない。木の枝にゐる鳥を、おとすつもりであつた。それが誤《あやま》つて水甕をこしはたのだが、女は怒つて、氣が狂《くる》つたやうにわめき立てた。

「この父《てて》無し。なにを、しくさる。」

類利は、はづかしさに堪《た》へないで、わが家へ駈《か》けこんだが、「父無し。」と罵《ののし》られたことが、如何にも口惜《くや》しくてならない。そこで、縫物《ぬひもの》をしてゐる母親の前に行つて、泣きじやくりながら、父親の在所《ありか》をたづねた。

いままでも二度三度、そんなことがあつたが、そのたびに母の禮氏《れいし》は、なだめすかして、くはしいわけを話さずにゐた。けれども、いつまでも、かくしてゐることではない。けふこそは、殘らず打明けようと、母親は、泣いてゐる類利の手を引きよせていつた。

「よくお聞き。父無しどころか、お前には、立派なお父さまがゐられるんだよ。わけあつ

て、お前の生まれる前に、この東扶餘《ひがしふよ》を逃《のが》れたのだけれど、今では、南の方に高句麗《かうくり》といふ國を開いて、そこの王樣になつてゐられる。さう聞いたら、きつとお前は、お父さまに逢ひたいといひ出すでせう。けれども、お父さまに逢ふためには、一つだけ謎《なぞ》を解《と》かなくてはいけない。お父さまが、お立ちになる前に、おつしやつたことを、いまお前に聞かせてあげる。それを、よく考へてごらん。それが解けないうちは、お父さまに、逢ひには行けないのだからね。」

類利は、つばを呑《の》みこみながら、母親の口もとを見つめた。

「お父さまは、かうおつしやつた。——もし男の子が生まれたら、七稜《ななかど》の石の上、松の木の下に、父の形見《かたみ》がかくされてある。それを探《さが》し出して、父をたづねて來るがよい。それが見事探せぬやうでは、わが子ではない——と。どうだい、お前にその形見が探せるかい。」

目を輝《かがや》かして聞入つてゐた類利は、母親の言葉が終らぬうちに、勢ひこんで答へた。

「探せるとも、きつと探してみせる。」

ところで、さうは請合《うけあ》つたものの、まだ年端《としは》のゆかぬ類利には、何が何やらわからない。

「七稜の石の上、松の木の下。」——父に逢ふためには、この謎を解かねばならない。石や、

松の木といふからには、なんでも山の方に違ひないと、その日から、類利は、御飯さへすむと、山や谷を駈歩《かけある》きながら、石の稜を數へて日を暮した。

七稜の石などは、どこにも見あたらない。一月《ひとつき》たち、二月《ふたつき》たつたが、やはり同じことである。さすがの類利も根負《こんまけ》がして、もう山歩きも、あきらめてしまつた。

こんなことで、いつ父に逢へることだらう――。さう思つて、ある日類利は、ぼんやり庭を眺めてゐた。

すると、ふと目についたのが、柱《はしら》の臺石《だいいし》である。數へると、それは、正しく七つの稜になつてゐる。そして、その上に松の木の柱――。なぜいままで、ここに氣がつかなかつたのだらう。類利は飛立つ思で、臺石の下を掘りかへした。

石の下からは、二つに折れた劍《つるぎ》の半分があらはれた。父の形見といふのは、その片折れの劍であつた。

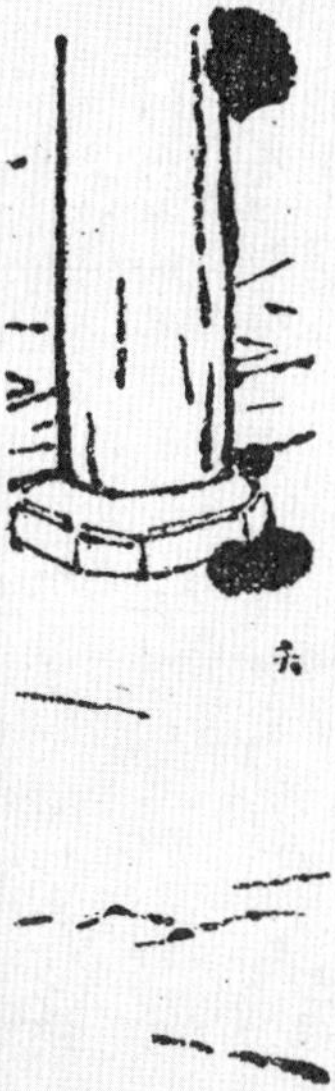

間もなく類利は、三人の道づれに伴《ともな》はれて、はるばる高句麗に、父をたづねて旅立つた。やがて行着くと、類利

は、片折れの劍をさし出して、父王《ふわう》に見《まみ》えることを願ひ出た。

高句麗王朱蒙《しゆもう》は、類利を引見《いんけん》して、その手から、片折れの劍を受取つた。そして、それを、自分の手許《てもと》にあつたもう一つの半分と、合はせた。折れた二つの劍は、ピタリとつながり合つて、寸分《すんぶん》の狂ひもない。

「おお、まさしくそちはわが子ぢや。高句麗の後嗣《あとつぎ》ぢや。」

朱蒙は、いたく喜んで、類利の手を引きよせた。見守る臣下《しんか》たちの面《おもて》にも、喜の色があふれた。

類利は、その日から、立てられて、

高句麗の太子《たいし》となつた。ほどなく、母の禮氏も、東扶餘から呼び迎へられた。

建國十八年目に、朱蒙(東明王《とうめいわう》)がみまかり、太子の類利は、跡目《あとめ》を襲《おそ》つて位に卽《つ》いた。

三十六年の間、高句麗を治《をさ》めた、第二代の瑠璃王《るりわう》こそ、曾《かつ》ての類利少年その人であつた。

四、百濟の起り

朱蒙には類利のほかに、まだ二人の子があつた。どちらも、卒本《そつほん》*一三へ來てからの子で、上を沸流《ふつりう》といひ、弟を溫祚《をんそ》といつた。

東扶餘*九から類利が來て、二代目の位を嗣《つ》いだので、二人は、なんとなく居心地がわるくなつた。そこで、語りあつて、高句麗を出ることになつた。

「南の方へ行つてみませう。南には、國を建てるによい土地が、いくらもあります。」

溫祚がさういふと、沸流も、

「よからう。なにも一つの國の中で、もみ合ふことはない。わたしたちは、わたしたちで新しい國をひらいた方がよい。」

さういつて、贊成《さんせい》した。

いよいよ南の方へ下ることになると、日ごろから二人に仕へてゐた十人の臣下が、一緒に從つた。途中で、百姓たちも大勢ついて來た。

旅を重ねて、やがて漢山《かんざん》へたどり着いた。今の京畿道《けいきだう》廣州《くわうしう》である。

二人は臣下たちをつれて、負兒岳《ふじがく》といふ高い山の頂にのぼつた。右も左も、そこからは一目で見下せた。

沸流は、海の見える方が氣に入つた。

「あすこがよい。あつちへ都をきめよう。」

沸流がさういふと、十人の臣下は、口をそろへて反對した。

「それよりも、こちらの方です。北に江《かは》が流れ、東に山をひかへ、南は平野、西は海、——こんな究竟《くつきやう》な、よい場所はありません。都はぜひ、こちらへお建てになることです。」

さういつてすすめたが、沸流はどうしても聞かない。とうとう百姓たちを半分にわけて、自分だけ海邊の方へ、都を置くことになつた。彌鄒忽《みすこつ》といつて、いまの仁川《じんせん》である。

弟の溫祚は、兄と別れて、臣下たちの意見にしたがひ、漢山の慰禮城《ゐれいじやう》に、都を定めた。

そして、十人の臣下にちなんで、國の名を「十濟《じふさい》」と呼ぶことになつた。瑠璃《るり》王の二年で、新羅に後《おく》れること四十二年である。

一方、彌鄒忽に行つた沸流は、いざ行つてみると、土地がしめつてゐる上に、水が鹹《から》く、百姓たちも、おちついて住むことが出來ない。さんざんな苦勞をかさねたうへで、沸流は弟の方のやうすを見るために、慰禮城の方へやつて來た。

すると、ここでは、何一つ不足もなく、みな、しあはせに睦《むつ》まじく暮してゐる。沸流は自分がつまらぬ我《が》をはつたために、百姓たちまで困らせたことを、心から恥ぢた。そして、そのことを苦に病んだあげく、とうとう亡《な》くなつてしまつた。

沸流が亡くなると、彌鄒忽の方の百姓たちも、そこを引きあげて慰禮城へ集つて來た。人民が殖《ふ》えたので、國號を「百濟《くだら》」と改めた。

溫祚王は四十六年の間、位に在つて、人民を治《をさ》めた。それから引きつづき三十一代――、新羅と戰ひ、高句麗と競《きそ》ひ、或は大和《やまと》と幾多《いくた》の文化を取交しながら、今の京畿《けいき》・忠淸《ちゆうせい》・全羅《ぜんら》の一帶《いつたい》を領土にして、百濟は、おひおひに覇《は》をとなへるやうになつた。

五、任那の國

百濟より六十年ばかり後《おく》れて、南朝鮮に、いま一つ國が出來た。「駕洛《からく》」とも、「伽耶《かや》」ともいひ、大和《やまと》では、ここを「任那《みまな》」と呼んだ。のちに、日本府の置かれたところである。

洛東江《らくとうかう》の流に沿《そ》つて、九つの部落があつた。部落にはそれぞれ長《をさ》があつて、これを九干《かん》と呼び、九干のひきゐる民は、合はせて七萬五千人ほどの數であつた。

平和な九干たちの部落に、思ひがけぬふしぎが、降つて湧いた。ある日のこと、金海《きんかい》の龜旨峯《きしほう》といふ峯《みね》のあたりから、ついぞ聞いたことのない、おごそかな聲がひびいた。何かを呼んでゐるやうである。九干たちは、取るものも取りあへず、その峯へ集つた。

すると、すがたは見えず、おごそかな聲が、またとどろいた。

「その方たちは、何者であるぞ。」

「はい、九干と申しまして、このあたりの長でございます。」

九干たちは、どこからとも知れぬその聲に畏《おそ》れて、ひれ伏した。聲はまたたづねた。

「一たいここは、何と申すところか。」

「はい、龜旨といふ山の峯でございます。」

「ならば、その方たちに申しつける。峯の土を掘り、その土を手につまんで、舞《まひ》を舞ふのぢや、よいか。」

「はい――。」

九干たちは、畏る畏る頭《かしら》を上げたが、もうそれつきり、聲は聞えなかつた。

「きつと、天のお使にちがひない。仰せのやうに舞を舞はう

ではないか。」

そこで峯の土を掘り、それをめいめい手につまんで、九千たちは、長いたもとをひるがへし

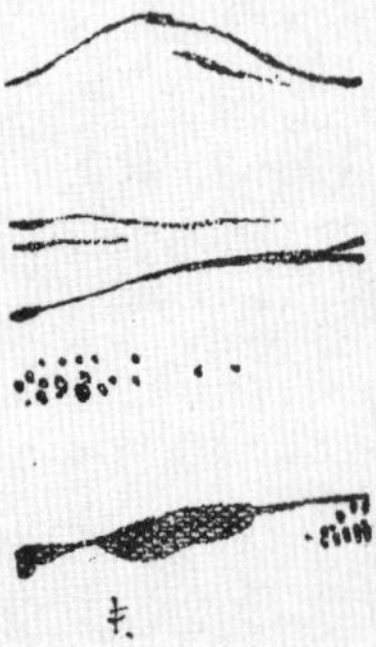

ながら、峯の上で舞を舞つた。

舞うてゐるうちに、九千たちの胸には、ふしぎなよろこびが湧きおこつた。はじめはただいひつけられて舞出したのが、いつかしんからよろこび祝ふ舞になつた。手拍子《てびやうし》・足拍子もいよいよおもしろくなつた。

すると、舞つてゐる九千たちの前に、天の方から、一すぢのなはが、するすると下りて來た。九千たちは驚いて舞をやめ、そのなはの方へよつて行つた。地面までとどいたところで、よく見ると、むらさき色をしたそのなはの先には、錦《にしき》につつまれた行李《かうり》が一つ結びつけられてあつた。

九千たちは、いよいよふしぎがり、なはの先から行李をはづして、その場で開けて見た。中に入つてゐるのは、黄金の色をした六つの卵であつた。

天からおろされたその行李を、うやうやしく捧《ささ》げて、九干たちは山を降りた。そして大事に安置《あんち》したまま、一夜を明かした。

翌る日になると、行李の蓋《ふた》を押上げて、六人の童子《どうじ》が出て來た。そろひもそろつて神々しい氣品のある顏立であつた。九干たちは思はずひざまづいて、六人の童子を拜んだ。

かうして、卵から孵《かへ》つた六人は、九干たちの手で成人《せいじん》した。身の丈《たけ》九尺、瞳《ひとみ》はらんらんとかがやき、眉《まゆ》はいきいきと開いてゐた。

六人は、九干たちにさしづして、九つの部落を一つに合はせ、駕洛國《からくこく》を建てた。六人がそれぞれに分れて民を治めたので、「六駕洛」、或は「六伽耶」ともいつた。

新羅と百濟の間にあつて、南は海にひらけ、西北に智異山《ちいざん》、東北は伽耶山まで、領土が延びた。大駕洛の主國《しゆこく》を「金官《きんくわん》駕洛」といつて、今の金海にさだめ、

つぎを「阿羅《あら》伽耶」といつて、今の咸安《かんあん》に、

そのつぎが「古寧《こねい》伽耶」で咸寧《かんねい》に、

四番目の「大伽耶」を高靈《かうれい》に、

五番目の「星山伽耶《せいざん》」を星州《せいしう》に、最後の「小伽耶」が固《こ》城《じやう》に、それぞれ都を分けて治めた。「金官駕洛」は「金官國」とも呼ばれ、脱解《だつかい》王が流れ着いたと傳へられるところである。

代々新羅の保護《ほご》を受けて、始祖《しそ》金首露《きんしゆろ》王より十一代、王が代り、四百九十一年にして、新羅に併合《へいがふ》された。今も朝鮮に傳はる伽耶琴《かやぎん》*一五は、もと駕洛國の人で、新羅に歸化《きくわ》した于勒《うろく》といふ樂人《がくじん》の、もたらしたものだといはれてゐる。

一五、伽耶琴《かやぎん》　箏《さう》に似せた十二絃《げん》の琴。眞興《しんこう》王の十二年、王の旨《むね》を受けて新羅の階古《かいこ》・注知《ちゆうち》・萬樂《ばんがく》の三人が于勒より琴と歌と舞を學び、十二曲を五曲に改めて、王前に彈奏《だんそう》した。

六、贈られた弓

高句麗《かうくり》の都は、瑠璃《るり》王の二十二年冬、尉那巖《ゐながん》といふところへ移された。そこは地勢が深い

うへに、五穀《ごこく》も豐《ゆたか》で、人民のためにも、また城を護《まも》るうへにも、都合のよい土地であつた。

王樣はここへ城を移すと、狩《かり》にばかり熱中して、幾日も都を明けるやうなことが、めづらしくなかつた。陜父《けふふ》といふ老臣が、それを心配して、

「都を移したばかりで、まだ民心が、落ちついてをりません。大切な時ですから、どうかしばらく、狩の方はお止めになつて下さい。」

と、心からお諫《いさ》めした。けれども、王樣はお聞入れにならない。陜父は、先代の王樣がまだ高句麗を建てないうちから、お側《そば》に從つた功臣《こうしん》であるが、瑠璃王は、この老臣から、たびたび口やかましい諫言《かんげん》が出るのを、うるさがつて、宰相《さいしやう》の位を取上げ、宮室附《きゆうしつづき》の果樹園《くわじゆゑん》の司《つかさ》に追ひやつてしまつた。

陜父は怒つて、王樣にお暇《いとま》をもらひ、南の方の、よその國へ移つて行つた。

瑠璃王の跡取《あととり》である太子は、名を解明《かいめい》といつて、力が强い上に、大層勇氣に富んでゐた。この太子は、王樣が都を移して六年になるまで、もとの古い都に踏みとどまつて、慰那巖へは來なかつた。

王樣も、太子も、人に讓《ゆづ》らぬ氣《き》丈《ぢやう》なところがあつて、親子ながら、あまりよい折合《をりあひ》では

なかつた。

高句麗の太子が、強い人だと聞いて、隣の國の王女が、丈夫な大弓を一つ贈《おく》つて來た。それを持つて來た使者の前で、太子は、力一ぱい弓を引きしぼつた。弓は、眞中からポキリと折れた。

「自分の力が、折つたのではない。もともと、弓が弱いのだ。」

さういつて太子は、その折れた弓を持たせて、使者をかへした。隣の國では、いまさらながら、高句麗の侮《あなど》り難《がた》いのを知つて、驚き恥ぢた。

あとで、このことを知ると、瑠璃王はことごとく腹を立てた。さつそく、王樣の御家來《ごけらい》が太子のところへ送られた。

「お前は、父が新しい都へ移つても、それに從はず、ひとり舊都《きうと》にとどまるさへあるに、いままた馬鹿力をたのんで、怨《うらみ》を隣國《りんごく》に結んだ。それが子たる者の道か。」

家來の者は、口上《こうじやう》を傳へて、一ふりの劍を太子に渡した。その劍で死ね、といふ王樣の内意《ないい》であつた。

太子の側《そば》の者たちは、大いにうろたへて、

「そのうちには、王様のお怒も解《と》けませう。しばらくどうぞ、お待ちになつて下さい。」

と、しきりに說《と》いたが、太子は耳をかさなかつた。

「自分が弓をひき折つたのは、高句麗が輕んぜられるのを恐れたればこそだ。よもやそのために死を賜はらうとは思ひもしなかつた。父王の御意《ぎよい》とあらば是非ないではないか。」

さういつて、太子は東原《とうげん》の野に行き、槍を地にさして、まつしくらに馬を走らせ、自分からその槍に觸《ふ》れて死んだ。

太子はその時、二十一歲であつた。亡骸《なきがら》は、そのまま東原に葬《はうむ》られたが、改めて、太子の禮によつて、盛な葬儀が營《いとな》まれた。

それからこの土地を、槍原《さうげん》と呼ぶやうになつた。

七、樂浪の鼓と笛

今より千九百年前、古墳《こふん》で名高い樂浪《らくらう》*五が、まだ華《はな》やかさを誇《ほこ》つてゐた頃である。

樂浪と高句麗は、國を接してゐたが、そのために、取りたてて仲がわるいといふことは

なかつた。樂浪の王は崔理《さいり》、高句麗は第三代の大武神《だいぶしん》王が治めてゐた。大武神王に、一人の王子があつた。慧明利發《けいめいりはつ》、眉目《びもく》あくまで秀で、女にも見まほしい美しい顔立であつた。名を好童《かうどう》といふ。

王の十五年夏、好童は國境《くにざかひ》の沃沮《よくそ》＊七といふところで、ふとした行きがかりから、樂浪王と顔を合はせた。樂浪王の馬が、物に驚いて荒れ立つたところを、折よく、これも馬で通りがかつた好童が、手綱《たづな》をおさへて取鎭《とりしづ》めたのである。大勢の家來たちが、あれよあれよと立騒ぐ間に、すばやく駈けつけて荒馬を鎭めたその勇氣、さては、氣品ある物腰《ものごし》などから推《お》して、もしや高句麗の王子ではないかと樂浪王は考へた。そこでたづねた。

「君の顔色《がんしよく》を見るに、常人《じやうにん》ならず。北國《ほくこく》神王の子ならずや。」

好童が、「さうだ。」と答へると、樂浪王は、喜ばしげに手を取つて、自分の都へ來て見る氣はないかと誘《さそ》つた。好童もその氣になつて、樂浪宮に伴《ともな》はれて行き、厚くもてなされるまま、思はぬ日數を重ねた。

樂浪王に、一人の愛姫《まなひめ》があつた。好童に配《はい》して恥づかしからず、好童を愛するあまり、樂浪王は姫を娶《めあ》はして、二人を夫婦にした。

やがて好童は高句麗へ立歸ることとなつた。――「歸つたら、父《ふ》王《わう》の許を得て、きつとそなたを迎へよう。」――好童は、泣きしづむ姫にやさしいいたはりの言葉をのこして、樂浪宮を辭《じ》した。

高句麗に歸つた上で、好童は一通のふみをひそかに姫にもたらした。

「鼓《こ》角《かく》を破れ、則《すなは》ち禮をもつて迎へん。然らざれば否《いな》む。」

これが文面であつた。

樂浪には、ふしぎな鼓《つゞみ》と笛《ふえ》が

あつて、敵の襲《おそ》ふ前には、ひとりでに鳴るのを常とした。樂浪の護《まもり》であり、またとない寶である。姫が受取つた手紙には、その鼓と笛を毀《こは》せと書いてある。それが出來ねば、再び逢ふ望はないといふ。

夫《をっと》に背《そむ》くか、國を裏切るか、二つのうちの、どちらかを擇《えら》ばねばならない。姫はながいこと惑《まど》ひ惱《なや》んだ。そして、つひに意《こころ》を決すると、人目につかぬやう武庫《ぶこ》に忍び入り、國の護である二つの樂器を、われとわが手で打碎《うちくだ》いた。

好童は、その知らせを受取ると、父大武神王に說いて、樂浪を襲はせた。鼓と笛の鳴らなかつたために、樂浪では、何一つ備《そなへ》をしてゐなかつた。敵を迎へてはじめて騷ぎ立つたが、時すでに遲《おそ》く、支へるすべもない。王は姫を斬つて、高句麗の軍門に降《くだ》り、樂浪は一夜のうちに馬蹄《ばてい》に蹈みにじられて、敢《あへ》なく敗滅《はいめつ》した。

好童の生みの母は、王の次妃《じき》であつた。正室《せいしつ》の后《きさき》は、そのために、日頃から好童を疎《うと》ん

木　馬　樂浪《らくらう》時代。平壤《へいじやう》郊外南井里《なんせいり》の古墳《こふん》から發見されたもの。支那の古墳から出た陶製《たうせい》の馬によく似てゐるが，それよりも遙かにすぐれてをり，曾《かつ》て例を見ぬものといはれてゐる。楊柳材《やうりうざい》を用ひ，たてがみと尾には本毛を植ゑ，たづなは鉛を使つてゐる。樂浪の文化を知る上の好資料《かうしれう》。高さ七〇糎。(總督府博物館藏)

じてゐた。そこへもつて來て、樂浪を攻取るほどの、大手柄を樹《た》てたのである。后はいよいよ不安を覺えた。好童のために、自分への寵愛《ちようあい》まで次妃に奪《うば》はれることがないとはいへない。

そこで、后はあれこれと事を構《かま》へて、惡しざまに好童を陷《おとしい》れようとした。

「好童、禮を忘れ、殆ど妾《せう》を亂さんとす。」

「もし疑《うたが》はば、請《こ》ふ大王、密《ひそ》かに候へ。この事無くば妾自ら罪に伏せん。」

后の口から、かうした言葉が王にささやかれた。はじめは王も取合はなかつたが、讒訴《ざんそ》が度重なると、或はと疑ふやうになつた。そしてつひには、それを眞《ま》に受けて、好童に罪を下《くだ》さうとした。

好童の身近《みぢか》の者たちが、「どうして御自分から、申し開きをなさらないのです。」といつたが、好童は、

「もし自ら釋《と》かば、母の惡を顯《あらは》し、王の憂《うれひ》を貽《のこ》さん、孝と謂《い》ふべけんや。」

と、聞入れなかつた。そして劍に伏し、自分から命を斷《た》つた。

好童の自殺は秋十一月、樂浪の姫を裏切つてから、まだやつと二、三ヶ月が過ぎたばかりであつた。

八、流れ着いた箱

新羅の第四代の王を、昔脱解《せきだつかい》といふ。その脱解について、かういふ傳説《でんせつ》が傳はつてゐる。

大和《やまと》の東北、一千里*一六のところに多婆那《タバナ》といふ國があつて、そこの妃は、七年間も孕《みごも》つたあげく、一つの卵を生んだ。多婆那の王様は不吉《ふきつ》だといつて、その卵を棄てさせたが、さすがに妃は哀《あは》れでならない。大きな木の箱に、錦でくるんで入れ、寶物を添へて海へ流した。流れ流れて、その箱は金官國《きんくわんこく》*一七へ着いた。海邊の老婆《らうば》がひろひ上げて、ふたを取つてみると、中からは、まるまる肥《こ》えた男の子があらはれた。お婆さんには子供がなかつた。大よろこびによろこんで、その日から手じほにかけ、男の子を育てあげた。

だんだん大きくなるにつれて、顔かたち尋常ならず、智慧《ちゑ》も人にすぐれた。はじめ、箱の流れ着いたとき、鵲《かささぎ》が啼立《なきた》てて、箱の上に群《むらが》つたので、「鵲」といふ字の半分をとつて、「昔《せき》」を姓にした。また、箱から出て來たのにちなんで、名を「脱解」とつけた。

脱解は漁夫になつて、お婆さんを養つてゐたが、ある日、お婆さんは脱解にいつた。

「そなたは、いつまでも海邊に住んで、しがない漁夫で身を終る人ではない。今から都へ上りなさい。そして學問をはげみ、知識をみがいて、立派な名を殘すがよい。」

お婆さんにさういはれて、脱解もその氣になつた。そこで別れを告げて、はるばる都へ旅立つた。

都へ出ると脱解は、よい師匠《ししやう》を探し出して、學問に身を入れた。一を聞けば十を知るといふ上達ぶりで、わけても地理にくはしかつた。

あるとき脱解は、楊山《やうざん》といふ丘の上で、都ぢゆうを見まはした。すると、ちやうど手ごろなところに、氣に入つた家が一軒あつた。それは、王様に仕へてゐる瓠公《ここう》※六といふ大臣の邸であつた。

「よし、あの家を一つ取上げてやらう。」

脱解は勝手にさうきめて、人の見てゐないときに、その邸の近くに、炭をあちこち埋《う》めておいた。その上で、瓠公の邸へ乘りこんだ。

「お氣の毒ですが、これは、わたくしの先祖の住まつてゐた地所です。かへしていただき

ませう。」

寝耳《ねみみ》に水の瓠公は、驚いてきいた。

「そんなはずはない。一たい何を證據《しようこ》に、そんな無茶をいふのです。」

脱解は、すまして、

「嘘《うそ》だと思ふなら、そこいらを掘りかへしてみるがよい。自分の先祖は、ここで刀鍛冶《かたなかぢ》をしてゐたのだから。」

と、やりかへした。

掘つてみると、果して、そこいらぢゆうから炭が出て來た。大臣ともあらう瓠公が、他人の地所に家を建てたとあつてはすまされない。とうとうあやまつて、邸ぐるみ脱解に渡すことになつた。

これがからくりだといふことは、すぐに知れた。けれども人々は憎《にく》むどころか、脱解の大膽《だいたん》さや、機略《きりやく》をほめそやして、かへつて評判が高くなつた。間もなく王様も、この話を聽《き》かれた。

それが縁《えん》となつて、脱解は王に仕へることとなつた。脱解の智慧は、國の政治にあたつて

も大いに役立つた。

新羅二代目の南解《なんかい》王は、脱解の人間の大きさ、頭のよさにほれこんで、とうとう自分の姫を娶《めあ》はせ、二年のちには、大輔《たいふ》の位に上らせて、國政《こくせい》を任《まか》すやうになつた。

脱解は南解、儒理《じゆり》の二代の王に仕へて、忠義を盡くし、建國まだ日の淺い新羅のために多くの功績を積んで、人民に敬はれた。

儒理王が、三十四年で亡くなられるとき、臣下たちを枕べに呼んで、

「脱解は國戚《こくせき》*一八であリながら、臣下として國に盡くし、大功をあらはした。朕《ちん》に二人の子があるが、徳の上では遠く脱解に及ばない。よろしく脱解を立てて、王位に卽《つ》かしめるがよい。」

と遺言《ゆゐごん》された。

王の亡くなられたあとで、臣下たちは遺命《ゐめい》にしたがつて、脱解を位に立てた。ときに脱解は六十二歳であつた。

脱解王は、その昔、邸を取上げた瓠公《ここう》を大輔に任じて、二十四年の間、新羅を治めた。

脱解王のあとをまた、朴氏《ぱくし》が嗣《つ》いで婆娑《ばさ》王となつたが、四代ののち、ふたたび代りあつて

昔氏《せきし》の子孫が立ち、前後八代、新羅の王となつた。

一六、一千里　朝鮮里程《てうせんりてい》で、内地の約十倍。したがつて、ここでは百里のこと。

一七、金官國《きんくわんこく》　駕洛國《からくこく》の別稱《べつしよう》。二一ページ参照。

一八、國戚《こくせき》　王家の親戚《しんせき》といふこと。儒理《じゆり》王にとつて、脱解《だつかい》は義理《ぎり》の兄弟にあたる。

九、雞林

脱解王の九年春、王城の西の方に始林《しりん》といふ林があつた。ある夜、その林の中から雞の鳴きごゑがしたので、王樣はふしぎに思ひ、夜の明けるのを待つて、瓠公《ここう》*六をつかはした。瓠公が來てみると、林の中に一羽の白い雞がゐて、しきりにときをつくつてゐる。そのすぐ上の木の枝には、金色をした小さなひつが一つかかつてゐた。

瓠公は立ちかへつて、その由を申し上げた。さつそく、ひつが運ばれたが、中から出て來たのは、見るからにたのもしい一人の男子である。王樣はいたくよろこび、「これぞ、天の賜《たま》へるわが後嗣《あとつぎ》である。」といつて、その子を育てあげ、王子とした。

成長するにつれて、いよいよ慧明《けいめい》、智慧《ちえ》と德を兼ねそなへ、國人《こくじん》の崇敬《すうけい》を一身に集めた。名を閼智《あつち》といひ、金色のひつからとつて、姓を「金《きん》」にしたが、新羅十三代の王位に卽《つ》いた味鄒《みす》王は、この閼智の後孫《こうそん》である。十七代以後、新羅の王位は五十三、四、五の三代を除いてすべてこの金姓《きんせい》に承《う》けつがれた。

始林は、この時から雞林《けいりん》※八と呼ぶやうになつたが、そのままこれが國號として稱へられた。徐羅伐《ソラボル》※四が雞林となつたわけであるが、三度目に、新羅と改められたのは、それからよほど後《あと》のことである。

十、大和の綾《あや》帛《ぎぬ》

新羅第八代の阿達羅《あだら》王が、位に卽いて間もなく、にはかに天地が、くらやみに押しつつまれ、幾日も日月《じつげつ》が空にあらはれないといふ大騒動が持上つた。

その前のこと、東海の海邊に、どこから來たとも知れぬ若い漁師の夫婦があつた。夫を

延烏《えんう》といひ、妻の名を細烏《さいう》といつた。

ある日、延烏が海邊に出て魚をとつてゐると、見なれぬ岩が一つ流れて來て、それが延烏の前に、ぴたりと着けられた。何氣なしに、延烏がそれに乘ると、岩は船のやうに水の上を走つて大和の海邊に延烏を降《おろ》した。

岩が人を乘せて來たのを見て大和の人たちは驚いた。

「大變だ。岩が、人を乘せて來た。」

「きつと、龍宮のお使だよ。

それとも、海の精《せい》かも知れない。」

「なんにしても、これは、ただの人ぢやない。きつと、お偉い方にちがひない。」

「さうだ、さうだ。偉い方にちがひないとも。」

人々は騒ぎ立てて、延烏を迎へたが、やがて、この海邊に殿樣がゐなかつたことから、延烏をお城に迎へて、城主《じやうしゆ》と仰ぐやうになつた。

さて、大和の海邊で、殿樣となつた延烏は、毎日、東の方を眺めては、妻のことを案じつづけた。「いまごろは、どんなに歎《なげ》いてゐることだらう。」――さう思ふと、よい身分になつたことが、少しも嬉《うれ》しくなかつた。

新羅に取殘された細烏は、歸らぬ夫の名を呼びつづけながら、毎日濱邊をさまよつた。

「波にさらはれたに、ちがひない。どうしたらよいであらう。」

たづねあぐねた細烏は、ある日、やつぱり濱邊へ出て、目の前にある岩の上に泣伏した。すると、その岩がひとりでに動き出して、波の上を矢のやうに走つたかと思ふと、延烏を着けた同じ濱へ、細烏を運んだ。

濱邊の人たちは、重なるふしぎに、いよいよ驚いて、延烏の館《やかた》へ細烏を導いた。二人は

手を取合つて、うれし涙にくれながら、たがひの無事をよろこんだ。

新羅の日月が光を失つたのは、ちやうどこの時であつた。人々は、生きた心地もない。家にとぢこもつて、ただ脅《おび》えるばかり。草や木までうなだれて、今にも枯れつくしさうになつた。晝も夜もない暗闇《くらやみ》の中で、新羅は今にも地底《ちてい》に吸ひこまれるのかと思はれた。

その時、一人の日官《につくわん》*一九が王樣の前に出て、申し上げた。

「東海の岸に、日月の精が住まつてをりました。それが、大和へ運び去られたのでございます。すぐにもお使をさし立てて、呼び迎へて下さいますやう。」

それは延烏と細烏のことであつた。漁師こそしてをれ、延烏は日の精、細烏は月の精であつた。王樣のお使は、さつそく大和へ向けて船出《ふなで》をした。

やがて、大和の海邊に着いた王樣の使者は、たづねたづねて、延烏の館をつきとめた。そして、「どうか新羅のために、いま一度歸つて下さい。」と、たのみ入つた。

今は海邊の殿樣となつてゐる延烏は、新羅の人の困つてゐる話を聞いて、心から氣の毒がつた。けれど、いまさら、歸るといふことは出來ない。

「何事も天の意である。歸れといはれたとて、歸れることではないが、よいことがある。妻の織上げた綾帛《あやぎぬ》を上げよう。これを持歸つて天に祭られるがよい。さうすれば日月の光は、きつと、もとのやうになる。」

延烏はさういつて、一疋の綾帛《あやぎぬ》を使者の手に渡した。

使者はそれを持歸つて、王樣にさし出し、延烏の言葉を、そのとほりに言上《ごんじやう》した。

王樣は、そこで、さつそく壇《だん》を設《まう》け、大和からもたらされた綾帛を祭つて、親《した》しく天に祈を上げた。すると果せるかな、墨のやうに黑かつた日や月が、ふたたびもとの光でかがやき出し、新羅の天地は、いいいとこやみの苦しみから、やうやく放たれることが出來た。

一九、日官《につくわん》　天文や陰陽《おんやう》を司《つかさど》るお抱への學者。

十一、二つの寶

南朝鮮の離れ島、濟州島《さいしうたう》は、その昔、耽羅《たんら》國といつて、一本立ちの小さな國であつた。

琉球《りうきう》なども、まだその頃は、日本と呼ばれてゐなかつた。

琉球の王様は、戰にやぶれて、大和へ囚《とらはれ》の身となつた。それを歎《なげ》き悲しんで、王子はたくさんの寶物を船に積みこみ、はるばる海を渡つて、大和にゐる父王のもとへ旅立つた。すると途中で、にはかに空がかき曇り、大暴風雨《おほあらし》が吹きつけて、船がくつがへりさうになつた。帆柱は折られ、かぢは流されて、王子を乘せた船は、一枚の木の葉のやうに海を漂《ただよ》うた。

幾日かして、暴風雨が止んだときは、船は耽羅國へ流れ着いてゐた。

耽羅國では、見たことのない大きな船が漂着《へうちやく》したといふので、さつそく役人が出向いてしらべることになつた。乘つてゐる人たちは、波にもまれ、暴風雨と戰つて、半死半生に弱つてゐたが、船の中の品物は、積まれたときのまま、無事に殘つてゐた。

役人の目には、何から何まで珍しいものばかりであつたが、中でもふしぎなのは、「酒泉《しゆせん》石《せき》」と呼ばれる石と、「幔山帳《まんざんちやう》」といふ錦《にしき》の布《きれ》であつた。

酒泉石は、眞中にくぼみのある四角い石で、そのくぼみに水を入れると、いつの間にか酒になつてゐるといふ重寶《ちようはう》この上もない寶物――。幔山帳は、わづか四、五尺の布だのに、

どんな大きなものでも、また小さいものでも、ちやうど一ぱいに包むことが出來るといふこれまた無類《むるゐ》の珍品《ちんぴん》であつた。

島の王様は役人の案内で、さつそくこの珍しい寶を見せてもらふことになつた。王様は二つの寶を見ると、のどから手が出るやうに欲《ほ》しくなつた。そこで、王子にかけあつて、その二つだけゆづつてもらはうとした。

「せつかくですが、そればかりはさし上げられません。あれは、大和の天子さまへ獻上《けんじやう》する品物です。そのほかのものでしたら、どうぞ何でも、おつしやつて下さい。」

琉球の王子は、さういつて、ていねいにことわつた。王様は、あきらめかねて、何度も何度も無理をいつた。けれども王子は、その二品にかぎつて、どうしても手放さうとしなかつた。

とうとう、耽羅國の王様は、腹を立てた。「これほどまでにいふのがわからなければ、こつちにも考がある。」——さういつて、おどしつけたが、それでもききめがないとわかると、腕づくで王子を捕へて、二つの寶物を取上げようとした。

王子は、そのけはひを知つて、酒泉石と幔山帳の二品を、いきなり、海の底へ沈めた。

そして自分は、强慾《がうよく》な王のために、その場で捕はれ、とうとう殺されてしまつた。

耽羅國は、新羅の屬領《ぞくりやう》であつた。新羅の王樣は、まもなくこのことを知つて、耽羅國へきびしい詮議《せんぎ》の使を立てた。

島の王は、しらばくれて、

「琉球の王子が攻めて來たから、討ちとつたまでです。」

と、申しひらきをしたが、ほんたうのことがぢきにばれて、つひに新羅の王樣から重い罪を受けた。

十二、勿稽子

新羅が國を建てて、ちやうど十代目の王樣の時、大將の捺音《なつおん》に仕へてゐる家來に、勿稽子《もつけいし》といふ者があつた。

その時、隣の國に戰があつて、新羅へ援兵《ゑんぺい》をたのんで來たので、王樣は捺音を遣《つか》はして助けさせた。捺音は八軍を破り、大勝利を得て歸つた。

この戰では、勿稽子の手柄が、一番華々《はなばな》しかつた。けれども大將の捺音は、自分の譽《ほまれ》がかくれるのを心配して、わざと功名帳《こうみやうちやう》に、稽子の名を書かなかつた。

ある人が氣の毒がつて、稽子にいつた。

「君は大功を立てながら、みすみす埋《うづ》もれてしまふつもりか。なぜほんたうのことを王様に申し上げないのだ。」

すると、稽子がいつた。

「功名をほこつたり、名を求めたりするのは、ほんたうの武人ぢやないよ。そんなことに氣を取られるよりは、まあ、大いに志を勵《はげ》まして後日《ごじつ》に備《そな》へるつもりさ。」

それから三年ばかりして、敵が國境の城を攻めたので、こんどは、王様自ら兵をひきゐて敵に當り、又々大いに勝つて凱旋《がいせん》した。この時も稽子は、敵陣を斬りまくり、何十となく敵の首級《しるし》を擧げたが、論功《ろんこう》のとき、何一つ手柄を讚《ほ》められることが無かつた。

稽子は、さびしさうに、妻に向かつていつた。

「危《あやふ》きを見れば命を擲《なげう》ち、難に臨んでは身を忘れる——。それがまことの武士の道だと聞いたが、こんどの合戰《かつせん》では、ほんたうに身命《しんめい》を忘れて、力一ぱい働いたつもりだ。それ

でゐて、何一つ、勳《いさをし》を殘すことも出來ない。武士なんぞになるんぢやなかつたよ。」

その日かぎり知行《ちぎやう》を返して、稽子は琴一つを持つたなり、山へ入つた。そして、つひに二度と世に出て來なかつた。

十三、柴原

高句麗十一代の東川《とうせん》王は、慈《いつくしみ》ぶかい王樣であつた。二十一年の間、國ををさめたが、その間ついぞ一度も、お怒をあらはされたことがなかつた。

あるとき、お妃《きさき》さまは、王樣のお心をためさうと、膳部《ぜんぶ》をおすすめする近侍《きんじ》の者にいひふくめ、わざと王樣のお衣《ころも》の上に、あつもののお椀をくつがへさせた。たいていなら、そんなとき、近侍は打首《うちくび》になるところであるが、王樣はお衣を召しかへられただけで、一言《ひとこと》もおとがめにならなかつた。

そこでお妃は、もう一度、こんどは厩《うまや》へ人をやつて、王樣御愛乘《ごあいじよう》の馬のたてがみを、そつくり切落してしまはれた。あとで、王樣は獵《れふ》からお戻りになつて、馬のたてがみのないのに

心づかれた。

如何におやさしい王樣でも、こんどこそは、御立腹になると思ひのほか、王樣は、

「馬にたてがみなし、憐《あはれ》むべし。」

と、ただそれだけ、おつしやつて、何の詮議《せんぎ》もなさらなかつた。

こんなふうで、國を治める上にも王樣のひろいお心、やさしいお慈《いつくしみ》が、いつも民の上に注がれたので、人民たちは、生みの父母を慕ふやうに、王樣をお慕ひ申し上げた。

位に卽《つ》いて二十二年の後、王樣はとうとうお亡《な》くなりになつた。日ごろの恩澤《おんたく》をしのび、國中の男女が悲しみ泣いたが、自分から命を絶つて、王樣に殉死《じゆんし》する者があまり多かつたので、お世嗣《よつぎ》の新しい王樣が、嚴《きび》しいお布令《ふれ》をまはし、禮ではないと諭《さと》して、禁《きん》じさせた。

國葬《こくさう》の日になると、王樣の御陵《ごりよう》の前に來て、お役人の止めるひまもなく、自刃《じじん》して果てる者が、つぎつぎとあらはれ、とうとう、何百といふ屍體《したい》が、御陵の前によこたはるやうになつた。なにぶんにも、とつさの場合で、一つ一つの屍體を棺《ひつぎ》に納める用意がない。そこでやむなく、柴を刈りとつて來て、屍體をかくし、一時を間にあはせた。

それから、この御陵のあたりを、柴原《しげん》と呼ぶやうになつた。

十四、鹽を賣る若君

高句麗《かうくり》の烽上《ほうじやう》王は、亡くなられた先代の王樣とは、似てもつかぬ、惡い王樣であつた。

自分のわがままは、何でも通した。

自分に逆《さから》ふものは、誰でも殺した。

疑ひぶかくて、度量《どりやう》が小さい上に、底知れぬ嫉《ねた》みごころをもつてゐた。

西川《せいせん》王と申し上げた先代の王樣は、二十三年の間、位にあつて民を慈しみ、國政に勵まれたが、その蔭には、弟の安國君《あんこくくん》が、いつも力を添へ、兄の王を助けてゐた。それで、西川王が亡くなられても、人民たちは、安國君を敬ひ慕つてゐた。

烽上王は、この叔父が邪魔《じやま》でならなかつた。王である自分よりも、叔父の安國君の方がもつと人々から、崇《あが》められてゐるやうに思はれた。それだけでも、わがままな王樣には、我慢《がまん》のならぬことであつた。

そこで、罪もない安國君を、とうとう、王樣は殺してしまつた。身内《みうち》や家來に至るまで、安國君につながる者は、一人のこらず殺された。

この王には、咄固といふ弟があつた。叔父の安國君を除《のぞ》いてみると、こんどはこの弟が心配になつて來た。人民たちは、自分を怨《うら》んでゐる。いつ何どき、弟を王に立てて、自分を背《そむ》き去るかわからない――。さう思ふと、もう、じつとしてゐられなかつた。そこで、またまた弟を殺した。

殺された弟に一人の子があつた。名を乙弗《おつふつ》といつて、烽上王にとつては、血をわけた甥《おひ》である。王は、弟の咄固を殺すと一しよに、この甥も殺さうとしたが、乙弗は身をもつてのがれたので、どうにか難を免《まぬか》れることができた。

命だけは助つたが、乙弗が身をかくすところは、どこにもなかつた。王樣の目が、きびしく光つてゐるので、少しでも緣のつながるところへは、立寄れなかつた。一人の家來も側《そば》には、ついてゐなかつた。

逃げのびて、あてもなく彷《さまよ》ふうちに、都から遠くはなれた、水室村《すゐしつそん》といふ片田舍へ、たどりついた。ここまで來て乙弗は、ひもじさのために、とうとう行倒れてしまつた。

都をのがれるときに、目立たぬやう、つぎのあたつた、お百姓さんのなりをしてゐたので、その行倒《ゆきだふれ》が、貴い身分の人とは、誰も氣づかなかつた。水室村の物持《ものもち》に、陰牟《いんむ》といふ者が

あつて、それが乙弗を拾ひ上げて、自分の作男《さくをとこ》に使ふことになつた。

陰牟は、少しばかり暮しがよいのを鼻にかけて、いつも雇人たちに辛《つら》くあたつた。乙弗は晝は晝で、牛馬の世話や畑仕事にこき使はれ、夜になると、蛙の鳴き聲がやかましいといつて、池の傍に坐つては、夜つぴて、石を投げさせられた。

晝間の疲れで、ついとろりと眠りかけると、もう、ぎやぐぎやぐと蛙が鳴き出す。石を一つはふると、また、しーんとする。その間にも遠慮なく、やぶ蚊がやつて來て、そこいら中を刺《さ》しまはる。それを掌でたたきながら、いつの間にかまたとろとろする――。

こんなみじめな思をしながら、乙弗は何年かをここで過した。

そのうちに、僅ばかりのもとでができたので、乙弗は陰牟の家を出て、鹽賣になつた。

ある時、鴨綠江《あふりよくかう》の東まで、鹽を賣りに出たが、日が照りつけて、あまり暑いので、乙弗はある家の軒先に、荷を下した。そして汗をふきながら、一息《ひといき》入れてゐると、そこのうちの婆さんが、ものほしさうな顔をして、乙弗に、

「鹽を少しくれ。」といつた。見れば、貧しい暮しらしい。こころよく荷をあけて、乙弗は、一升ばかりの鹽を、お婆さんに上げた。すると、婆さんは如何にも不足げに、入れものをつきつけながら、「もう少し入れておくれ。」といつた。

「そんなには、上げられないよ、賣物だからね、お婆さん。」

さういつて、乙弗はことわつたが、それでつむじを曲げた婆さんは、乙弗の荷のなかに、自分の履物《はきもの》をこつそりしのばせて、知らん顔をしてゐた。しばらく休んで、乙弗

が立去ると、後を追ひかけて、婆さんは、「どろぼうだ。」と、わめき立てた。役人が來て、乙弗を番所へ引いていつた。調《しら》べてみると、果して乙弗の荷の中から、履物が出て來た。役人は、乙弗の鹽を殘らず婆さんにやつて、償《つぐなひ》をさせた上で、三十の笞《むち》をあてて、乙弗をゆるした。

いゝもとでを失つた乙弗は、乞食のやうになつて、さすらひ歩いた。野原や、木の陰で寢て、人の食べのこしたものを、もらつて食べた。かうして、また幾年かの月日が流れた。

烽上王が位について九年目に、高句麗には大きな地震が襲つた。その上、二月から秋の七月まで、一度も雨が降らなかつた。百姓たちは、荒果てた田のあぜをさすりながら泣いた。いよいよ食べるものが無くなると、木の皮や、草の根で命をつないだ。

それなのに、王は、八月になつて、宮室《きゆうしつ》の普請《ふしん》をするといひ出した。十五歳からうへの男女は殘らずかりあつめられ、莫大《ばくだい》な税金まで課せられた。人民たちは、ゐたたまらなくなつて、つぎつぎと國を逃出した。

大臣の倉助利《さうじより》は、心の正しい人であつた。どうかして、王樣を惡い行《おこなひ》から救ひたいと

心を砕《くだ》いて來たが、この時も、まごころこめて、諫言《かんげん》を奉つた。

「國に災《わざはひ》がつづいて、民は生きる路を失つてをります。今こそ天を畏《おそ》れ、民を憐《あはれ》まねばならぬときです。わざわざ、飢饉《ききん》の民を苦しめてまで、宮室のお手入をなさるにも及びますまい。萬民の父たる大王が、御自分から百姓たちを殺さうとなさるやうなものです。どうぞ、このたびばかりは、お止《とゞま》り下さい。それに、高句麗はいま、四方に強敵を控へてをります。この隙《すき》を攻められては、ひとたまりもありません。ぜひぜひお聞入れ下さいますやうに。」

倉助利が、ぬかづいてさう言上すると、王は怒をふくんでいつた。

「萬民の父なればこそ、子たる者は盡くさねばならぬ。宮室が、立派でなくて、どうして威嚴《ゐげん》を示すことができるか。さては國相《こくしやう》、余《よ》を謗《そし》つて百姓どもの譽《ほまれ》を高めたいのぢやな。」

「いいえ、とんでもございませぬ。」——倉助利は、涙をうかべて王に説《と》いた。

「君にして民を憂へざるは不仁《ふじん》、臣にして君を諫《いさ》めざるは不忠とか、申します。小臣ひとたび命を受けて國相となりましたからは、どうしてこれがお諫めせずにゐられませう。」

それを聞くと、王は、

「ほう、そちは百姓の身代りに死にたいと見える。二度といふな。」

と、冷やかにいひすてて、座所《ざしよ》を立つてしまつた。

王の、つひに改めないことを知ると、倉助利は、重立《おもだ》つた大臣たちを集めて、ひそかに心中を打明けた。

「この上はただ一つ、王を廢《はい》して、新王《しんわう》をお立てするほかに途《みち》はない。王統《わうとう》が絶えて、ただお一人、行方《ゆくへ》知れずとなられた若君がゐられる。その若君をお探《さが》し申して位におすすめしようと思ふが、みなの考はどうか。」

倉助利がかういふと、誰一人として反對を唱へる者はなかつた。そこで、さつそくにもその若君を、探し出さうといふことになつた。その若君こそ、乙弗であつた。

王樣に氣どられぬやう、永いことかかつて、たづねまはつたが、乙弗の行方は知れなかつた。それでも苦心のかひあつて、半年あまりしてから、豆滿江《とまんかう》の舟の中で、それらしい人の姿を見かけた。それを見つけたのは肅友《しゆくいう》といつて、やはり倉助利のいひつけで、東の方を探してゐた人である。

ぼろぼろの着物を着て、髮はのび放題《はうだい》にのびてゐたが、どことなく氣品がうかがはれ、

顏立といひ、年かつかうといひ、乙弗に違ひないと思はれた。そこで繡友が進み寄り、

「若君。」と、聲をかけた。

その人は、びつくりして起上《たちあが》つたが、すぐに顏をそむけた。「人違ひです。わたくしはそんな者ではありません。」

その言葉こそ、まぎれもない王孫《わうそん》のしるしと見て取ると、繡友は、「ともかくも。」と、その人を、人目のないところへ導いた。その上で恭《うやうや》しく三拜し、王の非道《ひだう》や、倉助利たちが、新しく王位にお迎へするため、ただお一人の王孫を、お探ししてゐるわけを、のこらず話した。

そこで、その人は始めて、身分を明かした。やつぱり乙弗であつた。

やがて、乙弗は倉助利に迎へられて、都の近くにかくまはれた。このことは、王はもとより、人民たちさへも、誰一人氣づかなかつた。

ほどなく、王が狩《かり》を催したとき、倉助利はじめ、國の大臣たちがみな、そのお供をした。山の麓《ふもと》には、王の行宮《あんぐう》があつた。

その行宮の前まで來ると、倉助利は、一枚の蘆《あし》の葉を折つて、それを自分の冠に挿《さ》した。

「志を同じくする者は、吾に倣《なら》へ！」

すると、王の臣下たちは一人残らず蘆の葉を折つて、めいめい自分たちの冠に挿した。

倉助利は、王を行宮に閉ぢこめ、乙弗を迎へて玉璽《ぎよくじ》を奉り、王位に上らせた。時の到つたのを知つて、烽上王は行宮に幽閉《いうへい》されたまま自刃《じじん》して果てた。

曾《かつ》ては盗人《ぬすびと》の汚名《をめい》を受け、役人の笞《しもと》さへ忍んだ乙弗は、かうして再び王統をつぎ、卽位三十二年にして薨《こう》じた。

美川《びせん》王といひ、高句麗の勢を内外にひろめた名君であつた。

十五、碁

百濟の蓋鹵《がいろ》王は、碁《ご》がお好きであつた。それで、上手な碁打が王樣に召されては、よく宮室へ出入した。

高句麗とは、昔から仲がわるく、いつも戰がくりかへされてゐたが、ある時、その高句麗から一人のお坊さんがやつて來た。お坊さんは、名を道淋《だうりん》といつて、高句麗の王室に罪を

受けたために、逃げて來たといふことであつた。

道淋は、百濟へ來ると、さつそく宮室へまかり出て、恭《うやうや》しく申し入れた。

「畏《おそ》れながら、小臣は、日ごろより碁をたしなんで、いささか、妙手《めうしゆ》を會得《ゑとく》してをります。願はくば、一局を許されますやう。」

王樣は召入れて、お相手をなさつたが、果して道淋の碁は見事である。いままで宮中へ出入した者の、誰よりも冴えたわざで、王樣もことごとく感服なされた。それからは上客として扱ひ、毎日のやうに出入を許して、非常に信任されるやうになつた。

ある日、道淋は、王樣の前に出て申し上げた。

「小臣は他國の者でございます。それを疎《うと》みもなさらず、かへつて海山の御高恩を賜はりました。恐懼《きようく》に堪へませぬ。身にこれといふ取柄《とりえ》もなく、國家のために、何一つ益するところもございません。せめては一言を獻《けん》じて、御意得たいと存じますが、お許し下さいませうか。」

王樣は、快くうなづかれた。「何なりと、申してみよ。」

そこで、道淋が言上した。

「他でもございません。大王の國は山河の嶮《げん》、おのづから備はり、地勢も深く、そのために四方の敵も、敢へて侵《をか》すことが出來ないのです。しかしながら、これは、天嶮と申すばかり、さらに加へて富業《ふげふ》を積まれ、御威嚴《ごゐげん》を増されますならば、國家萬代、いや榮えに榮えますこと必定《ひつぢやう》でございます。お見受けいたしますに、城は荒果てたままで、宮室もろくろくお手入が出來てをりません。おぞましいことながら、大王のおんために、お案じ申し上げてゐるところでございます。」

道淋のその言葉に、王樣は深くうなづかれて、

「もつともぢや、王たる者は、威を示さねばならぬ道理、必ずその方の志は無《む》にすまい。」

と、約束された。

果して、その後まもなく、王樣は國中の壯丁《さうてい》を徵發《ちようはつ》して、石を運び、木を伐《き》らせ、やがて目もくらむばかりの、立派な宮殿を建てられた。宮殿が出來ると、こんどは、お城の普請《ふしん》が始つて、これにも、大がかりな力が拂はれた。その他、亡くなられた前の王樣の御陵のために、何百里の遠方から大石を運ばせるなど、およそ人力の及ぶかぎりは勞役《らうえき》をさせたので、人民たちの苦しみはいよいよ加り、日ましに王樣をお怨《うら》みするやうになつた。

その様子を見とどけると、道淋はこつそり高句麗へ逃歸つて、時の長壽《ちやうじゆ》王に注進した。

「いまこそ絶好《ぜつかう》の折です。百濟《くだら》の民心は國を離れて、一人として、王を怨まない者はありません。」

高句麗王は、時こそ到れりと、大いに喜んで、大兵を集め、一擧に百濟へ攻めかかつた。道淋こそ、かねて高句麗王の內命《ないめい》を受けて、百濟へ入込んだ諜者《てふぢや》であつた。

百濟王は、にはかに大敵をむかへて驚いたが、永い勞役のために、國の力の衰へたときなので、どうすることも出來なかつた。始めて、道淋のはかりごとに乘つた、と氣づいたが後の祭、せつかく造營《ざうえい》した宮室は、みるみる高句麗軍の馬蹄《ばてい》に蹈みにじられ、王も遁《のが》れられずに、あへない最期を遂げられた。

十六、戰の智慧

鯉

大武神王の十一年秋、漢の遼東太守《れうとうたいしゆ》が大軍を率ゐて高句麗を攻めて來た。王は尉那巖城《ゐながんじやう》

に立てこもつて、およそ一月《ひとつき》あまりも、にらみ合つたが、漢軍のかこみは、いつかな解けない。味方はそろそろ兵糧《ひやうらう》が盡き、兵も疲れて來て、この上支へるのは難しくなつて來た。

そのとき、左大臣の乙豆智《おつとち》がいふには、

「漢兵は、われわれが巖石《がんせき》の地にゐるので、おほかた水がないだらうと見拔いて、かこみを解かないのです。一つ策を用ひてやりませう。」

そこで、池の鯉をとり、水草で包んで、それを敵の陣地に送つた。

漢軍は、尉那巖城に水のあることを知り、戈《ほこ》ををさめて、あきらめて歸つた。

馬　叔

新羅の脫解《だつかい》王に仕へる武將に、居道《きよだう》といふ者があつた。

そのころ、新羅と隣りあはせて、小さい二つの國があつたが、これが、新羅にとつてはいつも頭痛の種となつてゐた。

居道は、國境の守備隊長となると、なんとかして、この二つの國を攻滅ぼさうと、工夫をめぐらした。しかし、敵もさるもの、なかなかにそのすきがなかつた。

居道は、毎年一度、祭の日に、國境近くの張吐《ちやうと》といふ野原へ、軍士《ぐんし》を集めて、一日中、馬を乘廻して遊ぶやうにした。これを馬叔《ばしゆく》といつたが、何年もくりかへされるうちには、だんだん慣れて、隣の國の人たちも、珍しく思はぬやうになつた。

ある年、同じ祭の日に、居道は大勢の部下たちを、張吐の野に、勢ぞろひさせた。隣の二國では、「また、新羅の馬叔がはじまつた。」と氣にもとめなかつたが、その油斷に乘じて不意に討入り、とうとう居道の兵は、二つの國を一緒に滅してしまつた。

國の名を干戸山國《かんしざん》、居柒山國《きよしざん》といつて、その日から、ここは新羅の領地になつた。

木の獅子

今の鬱陵島《うつりようたう》は、昔、于山國《うさんとく》といつて、獨立した小さな國であつた。

新羅智證《ちしよう》王の十三年、異斯夫《いしふ》といふ王の家來が、自分から軍船を率ゐて、この于山國を攻めることになつた。于山國は、東海の數十里へだてたところに、孤立《こりつ》してゐるので、それまで何度も兵が向けられたが、なかなか降參しなかつた。

島の人たちを、威嚴《ゐげん》で屈服《くつぷく》させようとしても、ききめはない――。異斯夫はさう考へて、

前もつて、軍船に、木でこしらへた獅子を、何十となく積んで出かけた。さて、いよいよ于山國の海邊に着くと、異斯夫はその木の獅子を船べりへ並べて、「降參しないといふなら、この獅子を島へ放すが、どうだ。獅子に食殺されるか、よい王樣の人民になるか、どつちだ。」と、おどしつけた。

さすが手ごはい于山國も、これにはまゐつて、矢一つ射かける間もなく、新羅に降つた。

十七、杵の音

新羅、狼山《らうざん》のほとりに、百結《ひやくけつ》先生とよばれる老儒《らうじゆ》があつた。年老いた妻と、一基《いつき》の琴があるばかり。曾ては慈悲《じひ》王に仕へた文臣《ぶんしん》であつたが、名利を塵《ちり》と見、いやしくも節度《せつど》を曲げず、好んで琴を奏《かな》でては、心のすさびとしてゐた。

天兮縱人　天兮窮顯、　天兮得君　天兮失君、
得非市利　失非在傷、　就豈幸幸　去豈幸幸、

樂無別樂　得天生兮。

天なりや　人を出せる
天なりや　浮きも沈みも、
君を得て　君失へる
なべてみな　天の意《こころ》ぞ、
得ればとて　失へるとて
はた何か　歎《なげ》かうべしや、
就《つ》くもよし　去るもまたよし
天を得て　獨り生きなむ。

これは邪《よこしま》な人たちに疎《うと》まれて、宮廷を去る日に、琴によせて歌つた百結先生の歌である。

それからといふもの、人の世の榮耀《えいえう》を、敝履《へいり》の如くに棄去り、狼山の下に、蓆小屋《むしろごや》を組んで、住まひとするやうになつた。あまりの貧しさに着替《きがへ》とてはなく、夏も冬もつぎはぎ、

だらけのつづれ一枚を纏《まと》うて暮した。百結先生と人が呼ぶのは、着物のほころびを、百たびも結《ゆは》へたといふ意味である。

ある年の押迫つた暮、近所の家からは、餅を搗《つ》く音が、樂しさうに聞えて來た。老いた妻には、その杵《きね》の音が羨《うらや》ましくてならなかつた。王樣のお側に仕へた頃の、しあはせ暮しが思ひかへされた。それで、つい、ためいきをついた。

「貧乏には慣《な》れたけれど、せめて人並に、杵の音でもさせられたら——。」

そのぐちを聞いて、先生はいつた。

「死生《しせい》、命《めい》あり。富貴《ふうき》、天に在り。來るや、拒《こば》むべからず。去るや、追ふべからず。なにもいまさら、くよくよすることはないさ。それぢや婆さん、そなたのために、一つ杵の音をつくつて上げよう。」

すなはち、琴を引きよせて、杵の音に擬《ぎ》した一曲を奏でた。これが今に傳はる碓樂《すゐがく》[二〇]の源流だといはれてゐる。

二〇、碓樂《すゐがく》　臼音頭《うすおんど》ともいふべき「打令《タリヨン》」の一つ。

十八、異次頓の忠死

新羅に、始めて佛法が行はれたのは、法興王《ほふこうわう》の十五年であつた。王樣は、身の丈《たけ》七尺といふ、見るからにお强さうな方であつたが、お心の底深くには、かぎりない慈《いつくしみ》を湛《たた》へてゐられた。

卽位このかた、王樣のお心には、一つの祈願《きぐわん》が祕められてあつた。それは、世の人の罪業《ざいごふ》を滅し、心の幸を祈るために、御佛《みほとけ》の敎を新羅へ移したい。――そのことであつた。

王樣のこの御念願《ごねんぐわん》は、たびたび、臣下たちにはかられた。けれども、一人として王樣のほんたうのお心を、汲んでさしあげる者はなかつた。國の大義《たいぎ》がどうの、民を惑《まど》はす因《もと》だのと、小理窟を申し立てて、王樣のお言葉に、從はうとはしなかつた。

「まだ自分には、人の王としての、まことの德が備《そな》はらないのだ。無理强《じ》ひに强ひることではない。御佛の思召《おぼしめし》ならば、いまに成就《じやうじゆ》される日もあるであらう。」

王樣は、さうお考へになつて、臣下たちの反對を、强ひて押切らうとはなさらず、お一人の心の中で、歎かれるばかりであつた。

宮中で、王樣のお側近くに仕へる舍人《とねり》に、異次頓《いとよん》といふ者があつた。まだ二十二の若さながら、王樣のお心の歎《なげき》を、異次頓は、誰よりもよく知つてゐた。

御佛の敎を、新羅に移し植ゑようとなさる王樣の、その御念願が、どこまでも正しい、尊いものだといふことを、異次頓はよく承知してゐた。如何せん、年若い舍人の身分では、重臣たちのかたくなな考に、立向かふことが出來ない。自分は法《のり》のために身を棄てよう、身を棄てて王樣の御念願をお助けしよう――。異次頓の澄みきつた心には、強い決心が燃立つた。

ある日、異次頓は、人目のない折をはかつて、王樣の前にすすみ出た。そして、尋常の手だてでは、叶《かな》はぬわけを申し上げ、

「かやう、かやうになされば、必ずや衆論《しゆうろん》は定まりませう。どうぞ、法のために、小臣の一命を、お召上げ下さいますやうに。」

と、誠をかたむけて、お願ひした。

「道を興《おこ》さうとして、かへつて、罪なき命を殺すことは出來ない。」

王樣はさう仰せられて、異次頓の申出を、お受けにならなかつた。けれども、異次頓はひるまなかつた。

「小臣夕《ゆふべ》に死して、大敎朝《たいけうあした》に行はれれば、何をかうらみといたしませう。萬民の幸のために一命を棄てることは、露ほども惜しむに足りません。なにとぞ、お聽きとどけのほど願はしうございます。」

王樣は道理を諭《さと》して、異次頓の心をひるがへさうとなさつたが、一度思ひ定めた決心に少しの搖《ゆる》ぎもない。一命を獻《ささ》げて法のために殉《じゆん》じようとする、その忠義を、つひに王樣も斥《しりぞ》けることが出來なかつた。

異次頓のお願は、王樣に受けいれられた。

王樣は威儀《ゐぎ》を正され、儀仗兵《ぎぢやうへい》を侍立《じりつ》させて、いま一度、宮中に群臣《ぐんしん》を召された。そして佛法のことを、重ねて御相談になつた。

果して、群臣は口を揃へて、またまた反對を申し立てた。

「僧徒《そうと》を見ますに、頭を丸め、異服《いふく》をまとひ、言々句々《げんげんくく》詭辯《きべん》ならざるはありませぬ。これをもしはびこらせば、國の禍《わざはひ》を招くこと、必定《ひつぢやう》でございます。小臣等、たとへ重罪を蒙《かうむ》りませうとも、御意《ぎよい》を奉じかねまする。」

その時、異次頓が進み出て、言上した。

「群臣の言、承服いたされませぬ。非常の人あつて、然るのち非常の事あり。聞きますに佛法深奥《しんおう》、よろしく信奉《しんぽう》して、國敎となすべきかと存じまする。」

いひ終らぬうちに、王様のきびしいお聲がとどろいた。

「不屆である。皆の者がひとしく、佛法をもつて國の禍となしてゐる。汝ひとり異論《いろん》を吐《は》けばとて、その禍が除かれようか。」

さういはれて、王様は罪を構《かま》へ、刑吏《けいり》の手に、異次頓を渡された。異次頓は、その日のうちに首を打たれた。

もとよりこれは、異次頓からお願ひしたことであつた。法に身を獻げた忠義の臣と、いつはつて怒を裝《よそほ》ふ王のほかには、誰一人知る者とてない聖約《せいやく》である。

刑場《けいぢやう》に曳《ひ》かれて、いままさに刃《やいば》を受けようといふ時、異次頓はいつた。

「法のために死ぬことは本望である。もし御佛が、まことに在《おは》しますならば、自分の死後必ずや不思議をあらはすであらう。」

果せるかな、異次頓の首を斬るに及んで、斬口《きりくち》からは一丈も血が噴上《ふきあ》げたが、その血の色は乳のやうに白かつた。

人々はいまさらのやうに、驚に打たれた。大勢の臣下たちも、異次頓の死を目のあたり見て、はじめて自分たちのかたくなな考を、愧《は》ぢる氣持になつた。

異次頓の死を悲しむ心が、人々の胸に湧起つた。その悲しみが一つに凝《こ》つて、間もなく新羅に寺が建てられた。

その寺を、刺楸寺《ししうじ》と呼んだ。

それからといふものは、だれ一人、佛法を謗《そし》る者もなく、日を逐《お》うて盛となり、つひに新羅の國敎とまでなつた。

十九、馬鹿の溫達

一

高句麗の城下《じやうか》はづれに、溫達《をんたつ》とよぶ男があつた。

獅子鼻《ししばな》にすが目といふ、すこぶるつきの醜男《ぶをとこ》で、一目見ただけで、吹出さずにゐられぬほど珍妙《ちんめう》な顏つきをしてゐたが、その見かけとは反對に、およそ世の中の濁《にごり》を知らない、

氣性のまつすぐな男であつた。

家が貧乏で、薪や木の實を集めては、それを賣歩いて、目の見えぬ老母を養つてゐた。つぎ合はせたぼろを着て、尻のぬけた草履を引きずりながら、往來を歩くので、誰いふとなく、「馬鹿の溫達」とよんだが、しかし溫達は、そんなことを氣にも止めなかつた。馬鹿になりすましてゐた方が、かへつて氣樂でもあつた。

その時の王様を、平原《へいげん》王と申し上げたが、その平原王に、一人のお姫様があつた。どういふものかこの姫は、小さいうちからよく泣いて、乳人《めのと》を困らせた。それで王様は、よく、こんな戯《たはむれ》をいはれた。

「さう、いつも泣いてばかりゐると、今に大きくなつても、士《し》大夫《だいぶ》*二の妻にはなれぬ。馬鹿の溫達にでも、輿入《こしいれ》をするかな。」

それが、一度や二度ではない。姫もよく泣いたが、王様のこの冗談《じようだん》も、そのたびにくりかへされた。御機嫌《ごきげん》のよい時など、王様は姫をお膝に抱上げて、

「どうぢや、溫達の奥方、また泣いたかね。」

と、おからかひになることさへあつた。そのうちに、とうとう、「溫達の奥方」が、この

お姫様の通り名になつてしまつた。

さて、月日がたつて、その泣上戸《なきじやうご》のお姫様も、二八の年頃を迎へた。王様は、御家來の中から高氏《かうし》といふ者を擇《えら》んで、姫を娶《めあ》はせようとしたが、いよいよその話がきまりかけると、姫は首を横にふつて、從はうとはしなかつた。

「つね日頃、溫達に嫁《とつ》げと仰せられたではありませんか。匹夫《ひつぷ》でさへ食言《しよくげん》を潔《いさぎよ》しとしませぬのに、まして王者《わうじや》たる父上が、どうして、御自分から仰せられたことを、お忘れになつたのでせう。他へはまゐりませぬ。どうぞ、溫達へおやりになつて下さい。」

なだめても、すかしても聞かばこそ、かりそめの戲が、さうまで根を下してゐるとは、王様も、ついぞ心づかぬことであつた。それだけに、姫のこのいひ分には、驚きもし、手も燒いた。八方から道理を說《と》いて、いひ聞かせても、溫達ならではと、いつかな從はない。

つひに王様も御氣色《みけしき》を損ぜられて、

「敎に遵《したが》はぬ者を、わが子とは思はぬ。よろしく汝の欲するところに赴《おもむ》け。」

といつて、とうとう、姫を宮室から追出してしまつた。

姫は、十枚の黃金の釧《くしろ》＊三を携へて、宮室を出ると、道行く人にたづねて、溫達の家を探し

あてた。ちやうど、溫達は出かけた後と見えて、あばら家には盲《めし》ひた老母が、一人で留守をしてゐた。

「溫達さまのお住まひと、うかがつて參りました。どちらへお出でございませう。」

姫が、さうたづねると、老母は、

「はい、溫達は楡《にれ》の皮を採《と》りに山へ行きました。一たい、どなたさまでございますか。」

と、不審《ふしん》さうに、姫のそばへよつて來た。そして手さぐりに、姫の裳《もすそ》や手首にさはつたが、驚いたやうにいひ足した。

「一たい、どんな御用がおありなのでせう。溫達はあなたのやうなお方に近づける男ではありません。匂のふくよかさといひ、眞綿のやうな柔《やはら》かいお手といひ、きつとあなたは貴い御身分の方に違ひありません。こんなところへ、長居《ながゐ》は無用、ささ、早くお歸りになつて下さい。」

さういつて、律儀《りちぎ》な老母は、追立てるやうに、姫を柴戸《しばど》の外へ出してしまつた。

よんどころなく、姫は溫達の家を出て、こんどは、山の方へ足を向けた。麓《ふもと》で待つ間もなく、溫達は楡の皮を背負つて、山路を下りて來た。もう日が暮れて、あたりは暗くなり

かけてゐた。

「もしや、溫達さまではありませんか。」

さういつて、姫が言葉をかけると、溫達は、ニコリともせずに、

「いかにも溫達だよ。その溫達に、なに用事だね。ここは女童《をんなわらべ》の來るところぢやない。大方お前は、狐か鬼の變化《へんげ》だらう。」

と、にべもなくいひ放つて、そのまま、すたすた行きすぎてしまつた。

取りつく島のない姫は、溫達のあとについて、また、あばら家にひき返した。けれども中へは、入れてくれさうもない。是非なく、柴戸の外にうづくまつて、夜露に濡《ぬ》れながら一夜を明かした。

夜が明けて、再び溫達母子《おやこ》の前に出た姫は、宮室を追はれた一部始終《しじゆう》を物語つて、末永く天緣《てんえん》を遂《と》げたいと申し出でた。

溫達の母は、もつてのほか、とばかりたしなめていつた。

「溫達は、見られるとほりの卑《いや》しい身分、とてもとても、あなたさまのお連合《つれあひ》になるなど思ひも及びませぬ。どうかこの上、おからかひになるのは、止めて下さい。」

さういはれても、姫はひるまなかつた。

「古人の言葉にもございます。一斗の粟《あは》も、臼《うす》に搗《つ》け、一尺の布《ぬの》も針で縫《ぬ》へと。心さへ一つに結ばれますなら、身分の高下が何ほどのことでせう。」

つひに、母子は折れて、形ばかりの婚禮《こんれい》を行ひ、その日から姫は、溫達の妻となつた。

二

姫は黄金の釧《くしろ》を賣つて、田畑や家屋敷、牛や馬、さては家財道具に至るまで、なに不自由のないやうに買ひ調へた。きのふまで馬鹿よ、阿呆《あはう》よ、と指さされた溫達も、いまは大勢の奴僕《どぼく》に、かしづかれる身となつた。

馬を買入れるとき、姫は溫達にいつた。

「市《いち》の馬を買つてはなりません。軍馬の病み放たれたのを擇《えら》ぶのですよ。」

溫達は、いはれたとほりにしたが、姫は、朝夕飼養《しやう》につとめて、みるみる肥えた見事な馬に仕立て上げた。

それと一緒に、溫達の武藝《ぶげい》も磨かれた。學問にも、身を入れるやうになつた。

さうして、何年かの年月が流れた。

高句麗では、毎年三月三日、樂浪《らくらう》*五の丘に獵《れふ》を催して、天地山川の神を祭る風習《ふうしふ》があつた。

その日は、王様はじめ、群臣や、五部《ごぶ》の兵士が、皆それに從つたが、民間からも、武藝に

すぐれた者が、その行事《ぎやうじ》に加ることを許された。

ある年のこと、この行事に、見馴《みな》れぬ武士が一人、逞《たくま》しい駿馬《しゆんめ》にまたがつて參加したが、いつも先頭を切り、獲物《えもの》も格別多く、誰も叶《かな》ふ者がなかつた。王樣は召し來つて名を問ひ、それが溫達と知つて驚かれた。

時に、後周《ごしう》の武帝《ぶてい》が、軍兵を出して遼東を攻めたので、高句麗は、拜山《はいざん》の野にこれを迎へて戰つた。この時も溫達は、志願して先鋒隊《せんぽうたい》に加り、善戰力鬪《ぜんせんりきとう》、敵首《てきしゆ》數十級を擧げた。これに勢を得て、味方は遮二無二《しやにむに》押進み、大勝利を得たが、論功《ろんこう》に及んで、異口同音《いくどうおん》、溫達の手柄を第一に讚《たた》へ、誰も反對を唱へる者が無かつたので、王樣は、いたく嘉賞《かしやう》し、

「これぞ、わが女婿《ぢよせい》である。」

と、手を取つて、溫達の功をねぎらはれた。

やがて溫達は宮中に迎へられ、改めて、「大兄《たいけい》」の位を授けられた。これより寵榮《ちようえい》もつとも渥《あつ》く、威權《ゐけん》日に盛となつた。

幾年かの後、溫達は、王前に進み出て奏《そう》した。

「新羅、わが漢北《かんほく》の地を割《さ》いて郡縣《ぐんけん》となし、百姓痛恨《つうこん》して、未《いま》だ父母の國を忘れぬと聞き

及びまする。大王、願はくば兵を賜はりますやう。小臣一たび征き、必ずわが地を取りかへさう所存《しよぞん》にござります。」

王はこれを許し、溫達は新羅に向けて兵を進めたが、門出《かどで》に臨んでいふやう、

「舊地をわが手に收《をさ》めずば、再び歸らじ。」

と。ほどなく新羅に到り、阿且城《あしよじやう》の下《もと》に羅軍と戰つて、一度は大いに氣勢を上げたが、いくさ半ばに、流矢《ながれや》の當るところとなり、雄圖《ゆうと》空しく、溫達は戰場に死んだ。

溫達の亡骸《なきがら》は、都に運ばれたが、いざ葬《はうむ》るといふとき、柩《ひつぎ》が地について離れなかつた。

そのとき姫が來て、棺をさすりながらいつた。

「死生決せり、歸らんかな。」

すると、はじめて柩が動き、葬することが出來た。

國を擧げて悲しんだが、わけても王樣の御歎《おんなげき》は、ひとしほであつた。

二一、士大夫《しだいふ》　身分ある士族の總稱《そうしよう》。

二二、釧《くしろ》　古代の貴人《きじん》が、ひぢにはめて飾《かざり》にした裝身具《さうしんぐ》。「たまき」、或は「ひぢまき」ともいふ。

二十、源花と花郎

「花郎《くわらう》」は新羅《しらぎ》だけにある制度《せいど》で、貴族の子弟の中から、行《おこなひ》正しく、顔立の優《すぐ》れたものを擇《えら》んで、王様が、ぢきぢきに任命する慣《ならはし》であつた。

廣く人材を求めるには、どうすればよいか――。人間には、十人十色、さまざまな違があつて、いいうはべは立派に見えても、腹の底の邪《よこしま》なものもあり、馬鹿に見えながら、賢《かしこ》い人物もある。それを日頃からよく見分けて、國に役立つよい人物を、擇ばねばならない。そのために設けられたのが、この花郎の制度であつた。

取立てて、役目といふものはないが、一人の花郎の下には、少くて三、四百、多いときは三千人からの郎徒《けらい》が集つた。そして互に道義を磨き、武を錬《ね》り、時には、山や野をめぐりながら、歌に興じ、野遊を樂しんだ。かうしてゐるうちに、一人一人の人物の、ほんたうの値打や、心構《こころがまへ》がわかつてくる。その中から、花郎が、これならばと見込をつけた、立派な人物を推薦《すゐせん》して、朝廷に仕へさせるといふ仕組であつた。

金庾信《きんゆしん》のやうな大功臣や、十八、九の若さで死んでゐながら、後世に名をとどめた斯多含《したがん》

などが、いづれもみな、花郎の出身であるが、その下に集る郎徒の中からも、よい大將や勇ましいつはものが澤山出た。

一度花郎となると、たとへ十六、七の少年でも、國ぢゆうの人から敬はれ、大切にされた。その中でも、特に行の立派な、手柄のあるものは、王さまから、「國仙《こくせん》」の位を授けられ、一層尊敬《そんけい》を集めた。

この制度が、始めて行はれたのは、眞興《しんこう》王の三十七年の春で、この時は名も「源花《げんくわ》」と呼ばれ、男子の代りに女子が擇ばれた。

最初に源花となつたのは、才色《さいしよく》かね備《そな》へた二人の處女《しよぢよ》で、どちらも新羅名門《めいもん》の娘《むすめ》である。一人を南毛《なんまう》といひ、いま一人を俊貞《しゆんてい》と呼んだ。

女ながらも、それぞれ三百人あまりの郎徒を從へる身分となつて、この二人の源花は、人々の目をそば立たせた。大勢の郎徒に護られて、野に山に樂しみ興《きよう》じる姿は、こよなく美しく華《はな》やかなものに見えた。

そのうちに、時がたつにつれ、二人の源花は、互に妍《けん》を競《きそ》ひ、憎《にく》みあふやうになつた。

その下に從ふ郎徒たちも、二手に分れて、それぞれ人氣《にんき》を爭つた。

「南毛さへゐなかつたら——。」

「俊貞さへゐなかつたら——。」

二人は、心の中で同じ嫉《ねたみ》を燃しながら、激《はげ》しい憎しみを募《つの》らせた。ある晩、南毛が一人で出かけたところを、道で俊貞に呼止められた。

「たまには、うちへもお出でになるものです。さ、一緒にまゐりませう。」

うはべは仲のよい友達どうしである。俊貞からさう誘《さそ》はれると、南毛もつひ斷《ことわ》りかねた。

俊貞は、南毛をわが家へ連れて行くと、酒を出してもてなした。一杯、また一杯と無理じひにすすめられるうちに、南毛は氣持が惡くなつて、その場に寢たふれてしまつた。

その夜から南毛の姿はかき消されたまま、二度と見受けられなかつた。大勢の郎徒たちも、八方へ手分して尋ね廻つたが、つひに南毛の行方をつきとめることが出來なかつた。

俊貞は、醉《よ》ひ倒れた南毛を、北川《ほくせん》の河岸へ運び出して、重石《おもし》をつけて河底へ沈めたのであつた。間もなく、このことが露顯《ろけん》して、俊貞は捕へられ、罪に伏した。

かうしたいきさつがあつて、せつかくの「源花」も取止となり、集つた郎徒たちも、ちり

ぢりに別れたが、あとでこの制度は復活《ふくくわつ》して、こんどは、「花郎」と改められ、男子が擇ばれるやうになつた。

花郎となつてからは、二度とこんな間違は起らなかつた。そして、いよいよ、この制度は榮えた。

二十一、墓の聲

眞平王《しんぺい》は新羅第二十六代の王様で、五十六年もの永い間、位についてゐられた。王様は大層狩《かり》がお好きで、暇《ひま》さへあれば大勢の供人をつれて、山や野に獲物を追ひ、五日も十日もお歸りにならぬことがよくあつた。そのために、しぜん、政《まつりごと》がおろそかになり、その隙《すき》につけこんで、百濟《くだら》や高句麗《かうくり》などの侮《あなどり》を受ける心配もあるので、その頃の兵部令《へいぶれい》、今でいふなら陸軍大臣の位にある、金后稷《きんとうしよく》といふ老臣が、幾度となく、王様をお諫《いさ》め申し上げた。

「どうぞ、狩だけお止め下さいますやう。昔から、人民たちに敬《うやま》はれたよい王様は、みな

行を愼《つつし》み、德を積むことに、心がけられました。鷹《たか》や犬を放つばかりが、王者の能《のう》では
ありませぬ。いつまでも、そんなことをなさつてゐては、いまに國が危《あやふ》くなりませう。」
さういつて、王樣の前にひれ伏しては、淚ながらに、お願ひをした。三度、五度、十度と
根氣《こんき》よくくりかへしたが、ついぞ王樣はお聞入れにならない。
「よい、よい。もうわかつた。年寄の冷水《ひやみづ》といふが、そちもくどい奴よのう。」
王樣は、しまひには不機嫌《ふきげん》になつて、后稷の口を封じてしまはれた。
それから、永い年月がたつた。
王樣は、相かはらず狩に熱中して、いつかな改められない。その間に后稷も年をとつて
いよいよ死ぬ日が近づいた。
臨終《りんじゆう》の枕もとに后稷は、三人の息子たちを呼んでいひふくめた。
「伜《せがれ》たちや、いまはのきはに父のいひのこすことをよく聞いてくれ。わしは王樣の家來と
なつて、しかも王樣の過《あやまち》をお救ひすることができなんだ。まことごころの足りぬしるし
ぢや。この上は、せめて死後の一念ででも、王樣をお諭《さと》ししようと思ふ。王樣が狩に出ら
れる野路《のみち》のわきに、わしの亡骸《なきがら》を埋めてくれ、よいか。しかと申しつけたぞ。」

さう、くれぐれも念をおして、間もなく后稷は息を引きとつた。后稷の息子《むすこ》たちは、父の遺言《ゆゐごん》を守つて、野路のそばに墓をたてた。それから、またしばらく時が過ぎた。

ある時、いつものやうに王様は、大勢の勢子《せこ》を引きつれて、狩に出られた。都を出はづれて野路にさしかからうといふところで、ふと王様は、ふしぎな聲を耳にとめられた。

「お止めなされませい、お止めなされませい。」

まるで地の底からひびくやうに、その聲は幽《かす》かな尾をひいて聞えてくる。王様は、馬をとどめられた。

「あれは何ぢや、どこから聞えてくる聲ぢや。」

王様が、お附の供侍《ともざむらひ》に、さうおたづねになると、供侍はかしこまつて言上した。

「あれに見えますのが、つい先ごろ、みまかりました后稷の墓でございます。いまの聲は、たしか、あの墓から洩《も》れたやうに思はれましたが――。」

さういつて、后稷が臨終のきはに、三人の息子に遺言した次第をのこらず申し上げた。

王様は、それを聞くと、はらはらと涙を流された。

「さうであつたか、予《よ》のために、かほどまで、まことをつくしてくれたものを、今にして改めずば、のちの世に何の面目《めんぼく》あつて、后稷にまみえよう。」

その場から王樣は、馬を返して都に立戻られたが、それからといふもの、つひに二度と狩を催されることがなかつた。

二十二、劍君の死

眞平王の四十九年、新羅には恐しい飢饉《ききん》がおとづれた。稻の穗が出揃つて、百姓たちが、ほつとしたかと思ふと、時ならぬ霜《しも》が降《お》りて、一晩のうちに、國中の稻といふ稻を、殘らず立枯らしてしまつた。

秋が來ても、一粒の米さへ、滿足に穫《と》れない。はじめのうちこそ、少しばかりの雜穀《ざつこく》や、貯《たくは》への薯《いも》などで飢《うゑ》をしのいだが、それも永くは續かなかつた。やがて冬となり、いよいよ食べるものが無くなると、わづか一二升の米のために、妻や子を賣る者さへ出て來た。

王樣の都には、官穀《くわんこく》を貯へたお倉があつた。それも窮民《きゆうみん》たちを救ふために、幾度となく持出されたので、殘り少なになつてゐたが、お倉を預る役人たちは、苦しまぎれに、倉の米を少しばかり盜《ぬす》み出して、めいめい自分たちで、分けることになつた。

「倉役人だつて、食べずに生きられない。」

「さうだとも、ほんのちよつとばかりだ。これくらゐの役德《やくとく》は、しかたがないや。」

みんな腹の中では、勝手なりくつをつけて、自分をごまかしてゐた。惡いことをする者が誰でもするやうに――。

さて、持出した米を分けるだんになつて、倉役人の中にただ一人、どうしても受取らうとしない者があつた。それは、劍君《けんくん》といつて、身分こそ低いが、生まれつき、邪《よこしま》なことが大きらひな、竹を割つたやうな男であつた。

「みんなが分けて、きみだけを取りのけるといふ法はない。それぢや、こつちが困るよ。やぼをいはずに受取つてくれ。」

「少なすぎるんぢやないかい。なんなら、きみの分けまへを、も少し足《た》してもいいよ。」

口々にさういつてすすめたが、劍君は笑ひながら、

「いやしくも僕は、武人《ぶじん》のはしくれに名を列《つら》ねてゐる者だ。千金の利と雖《いへど》も、義に非ずんば心を動かさずさ。いいから、僕のことは心配したまふな。」

と、そのまま起ち上つて、出ていつた。

劒君はその足で、日ごろ世話になつてゐる知合《しりあひ》の邸をたづねた。主《あるじ》が出て來ると、劒君は居ずまひを正して、いとま乞ひをのべた。

「たぶん、もう二度とお目にかかることは、できないかと思はれます。どうぞ、いつまでもお達者《たつしや》でお暮し下さい。」

主は驚いて、わけをたづねた。

「一たい、どうしたといふのだね。どこか遠い旅にでも出なさるのか。」

「いいえ、どこにもまゐりません。」

「それなら、どういふわけだね。藪《やぶ》から棒《ぼう》ではわからん、話して下され。」

「いいえ、お聞きになつても

むだです。後でひとりでに分ることですから。」

劍君は、さういつで拒《こば》んだが、親切な主は、どうしてもそのまま歸さうとはしない。あまり根ほり葉ほり尋ねられたので、とうとう劍君は、事のあらましを打ちあけた。

「さういふわけで、たぶん、今日か、明日までの命かと思ひます。つまらぬことをお耳に入れましたが、どうぞ何事も胸の中にたたんでおいて下さい。」

主は「とんでもない。」といふ顔で、劍君にいつた。

「なぜ、上役人に訴《うった》へて出なさらない。悪い奴をこらしめるのに、何の遠慮《えんりよ》が要《い》る。」

劍君は答へた。

「自分が死なないために、大勢の人を罪に入れるのは、情《じゃう》において忍《しの》びません。もともと悪い人たちではないのです。ただ志が弱いために、悪に負けただけですから。」

「それなら逃げなされ、むざむざ命を失ふよりはよい。」

「いいえ、それはできません。正しいのは私で、間違は向かふにあるのです。まつすぐなものが、曲《まが》つたものを避《さ》けるといふのは、男子の取らざるところです。どうして逃げられませう。」

劍君の、日ごろの氣性《きしやう》を知つてゐる主は、もうその上、何をいつてもむだだと知つた。

それで、口をつぐんでしまつた。

まもなく劍君は、別れのあいさつをのべて、わが家へと歸つた。

倉役人たちは、劍君のゐない間に、相談をめぐらした。

「あのままでは、いまにきつとばれてしまふ。これはどうしても生かしてはおけない。」

一人がさういふと、皆が、「さうだ、さうだ。」と、調子を合はせた。お倉の米を盜んだと知れたら、自分たちの命がない。これはぐづぐづしてゐられないと、その場から、さつそく劍君のところへ使が立てられた。

「今夜は月がよいから、皆で一ぱい飮《の》まうと思ふ。貴公もぜひお出でなさい。」

さういふ手紙をもつて、使の者がゆくと、劍君は氣輕に起ち上つてついて來た。倉役人たちは、劍君を迎へると、

「やあ、よく來てくれた。さあ、一獻《いつこん》。」

と、手に手に盞《さかづき》をすすめた。その盞には、果《はた》して毒が盛られてあつた。劍君は、一々うなづくと、盞を受取つて、うまさうに飮みほした。やがて、毒がまはつてその場にたふれたが、息の絶えた後まで、面《おも》ざしには、微笑《びせう》の影が去らなかつた。

二十三、牡丹の種

眞平王の時、唐の皇帝から、新羅の王室へ牡丹《ぼたん》の種を、三いろ揃へて贈《おく》つて來た。その

種には紅・白・紫の美しい牡丹の繪が添へられてあつた。

その時分、まだ新羅には牡丹が無かつた。珍しい花だ、と喜んでゐると、そばで牡丹の繪に見入つてゐた、まだ七、八つの王女がいつた。

「美しい花ですけれど、きつと香《かをり》がありませんよ。」

王樣は笑つて、宮室の庭に植ゑさせたが、咲いてから氣がつくと、果して香が無かつた。

「姫は、どうしていひあてた。」

ふしぎに思つて、王樣がお尋ね

瞻星臺《せんせいだい》　內部から星を觀測するので、ちやうど井戸を逆さにした理窟である。（慶州）

になると、王女は、

「牡丹の繪には、蜂も蝶も見えません。それで香のないことがわかりました。」

と、答へた。

眞平王が、即位の五十三年にお亡くなりになると、太子の無いために、この王女が位を嗣《つ》いで、善徳女王《ぜんとくによわう》となられた。新羅には、三度まで女王が位に上つたが、中でも、最初の善徳女王はあはれみ深く、御聰明《ごそうめい》な上に、國のためにも多くのお手柄をのこされた。今も慶州《けいしう》にある瞻星臺《せんせいだい》＊二三などは、やはりこの女王の世に、築かれたものだといはれてゐる。

二三、瞻星臺《せんせいだい》　今日の天文臺。

二十四、竹々

大耶城《だいやじやう》＊二四は新羅南方の要害《えうがい》で、しばしば百濟《くだら》が襲《おそ》ひ、幾度となく、ここで決戰《けつせん》がくりかへされた。善徳女王の十一年秋、つひに大耶城は百濟のために落城したが、これは、その時の話である。

大耶城の城主は金品釋《きんぴんしやく》といつて、新羅王族の家柄であつた。生まれつき高慢《かうまん》で、部下をいたはることを知らず、家門《かもん》を鼻にかけて、非道《ひだう》なふるまひをしたので、うはべは從つてゐても、人望《じんばう》といふものがまるで無かつた。

部下の中に、黔日《けんじつ》といふ者があつて、美しい妻と連添《つれそ》つてゐた。品釋はその部下の妻を理不盡《りふじん》にも取上げて、自分の侍女《そばめ》にした。そのために、黔日は心の中で、深く品釋を怨《うら》んでゐた。そこへ百濟が攻めて來たのである。

黔日は、城主に對する日頃の怨《うらみ》から、敵方に内應《ないおう》し、城内の倉に火をつけて焼拂つた。

城主の品釋も、さすがにうろたへた。

兵糧《ひやうらう》が無くなつては、城を守ることが出來ない。百濟の兵は、鐵壁《てつぺき》の陣を布《し》いて、城を取りかこんでゐる。

つひに腹をきめて、品釋は副將を城壁《じやうへき》に立たせ、「殺さぬといふなら、降《くだ》りませう。」と降伏《かうふく》を申し出でた。

敵將允忠《いんちゆう》は、その申出を二つ返事で受入れた。そこで、品釋は、城門を開いて、將卒と共に出て行かうとした。

そのとき、幕下《ばくか》に竹々《ちくちく》といふ部將があつた。この竹々一人は、どうしても、開城に同意しなかつた。

「百濟は反復《はんぷく》の國です。信用がおけません。かりに、約束どほりになつてみたところで、虜《とりこ》となることには間違ひないのです。屈《くつ》して生きるよりは、本分を盡くして死ぬのが、男子たる者の面目ではありませんか。」

さういつて、品釋をとめたが、聞入れられず、品釋はためしに、士卒《しそつ》から先に城を出て行かせた。果せるかな、允忠はその士卒を、殘らず殺してしまつた。

品釋は、允忠の約束が詐《いつはり》であると知つて、妻子を手にかけた上、自分も、首を刎《は》ねて死んだ。

竹々は、殘る僅の手兵《じゆへい》を集めて、城を固《かた》く鎖《とざ》し、あくまで敵を防がうとした。

同僚《どうれう》の一人が、竹々にいつた。

「いまさら、どうにもなるものではない。それよりは、敵に命乞《いのちごひ》をして、後日を圖《はか》らうではないか。」

竹々は、決然としていひ放つた。

「もつともだ。君の言葉に從ひたいのだが、親が竹々といふ名をこの自分につけたのは、冬の寒さにも枯れることなく、よし、折られるとも屈するなといふ意《こころ》からだ。死ぬことを恐れて屈服《くつぷく》しては、自分の名前に恥づかしいではないか。」

つひに竹々は最後まで踏《ふ》みとどまり、城と共に潔《いさぎよ》く散り果てた。

二四、大耶城《だいやじやう》 今の慶北陜川《けいほくけふせん》。

二十五、丕寧子主從

眞徳《しんとく》女王の元年、百濟《くだら》が大軍をひきゐて、新羅《しらぎ》を攻めたときである。新羅の將軍、金庾信《きんゆしん》は一萬あまりの歩騎《ほき》を從へて、寄手《よせて》に立向かつたが、百濟勢はなかなか手ごはで、一歩も後へは退かない。味方は苦戰に陷《おちい》つて、またたく間に、何千といふ手負が出來てしまつた。

危《あやふ》く新羅の負にならうといふとき、庾信公は、部下の中から丕寧子《ひねいし》を呼んで、陣中に酒を汲みながら、しみじみといつた。

「松柏の緑は、冬、草木の枯れたあとで、はじめて人に知れるものだ。いま戰局《せんきょく》は味方の敗北《はいぼく》に傾いてゐる。今こそ、そなたの志と勇氣を新羅のために用ひてはくれまいか。」

丕寧子はそれを聞くと、老將軍の前に再拜《さいはい》して答へた。

「衆人の中から、數ならぬ身を見出していただきました。知己《ちき》といふべきです。もとよりまさに一死をもつて報《むく》いるばかりです。」

ときに、陣中には丕寧子の獨子《ひとりご》の擧眞《きよしん》と、下郎の合節《がふせつ》が從つてゐた。丕寧子は庾信公の前を退《さが》ると、その足で合節を呼んで、いひふくめた。

「けふ、自分は國のため、知己のために一命を棄てる覺悟《かくご》だ。伜《せがれ》の擧眞《きよしん》は、まだ幼いながら志の長《た》けた奴、父の死を見たら、必ず共に死なうとするだらう。父と子が、共に戰場にたふれたら、殘る母親は誰に頼《たよ》るか。お前は、擧眞が逸《はや》まらぬやうに、よく道理をいひ聞かせるのだ。よいか。」

いひ終ると、馬に鞭《むち》うつて、まつしくらに敵の中心を衝《つ》き、存分《ぞんぶん》に働き拔いて、間もなく華々《はなばな》しい戰死を遂《と》げた。

擧眞は父の最期を知ると、つづいて敵陣へ斬入らうとしたが、下郎の合節が、くつわを

取って離さず、

「家へ戻って、母御をなぐさめよとの御遺言《ごゆゐごん》でした。あなたまでが斬死《きりじに》をされたら、母御はどうなられます。」

と、必死に引きとどめた。

擧眞は、聞入ればこそ、やにはに劒《けん》を取って、合節のひぢを打折り、

「父の死を目の前に見て、ながらへるほどの腑《ふ》ぬけに見えるか。」

と、これまた敵陣に駈込《かけこ》んで、たちまちの間に數人を斬り、父のあとを追って討死した。

それを知ると、合節は、

「私天《してん》が崩《*二五くづ》れた。生殘ったとて、かひもない。」

と、これまた敵陣に飛込み、盲《めくら》めつぽうに斬りまくって死んだ。

三人の死を目のあたり見て、味方はたちまち、奮ひ立った。後れては恥と、先を爭って突擊《とつげき》したので、一時はあやふかった新羅勢も、みるみる勢を盛りかへし、首三千を擧げてつひに大敵を退《しりぞ》かした。

戰の終った後で、庾信公は、主從三人の屍《しかばね》を收《をさ》めて、その上に衣をぬぎかけ、哀哭《あいこく》して

その忠死を悲しんだ。女王も聞かれて涕涙《ているゐ》したまひ、禮を厚くして反知山《はんちざん》に合葬《がふさう》したうへ、九族に至るまで、渥《あつ》く恩賞《おんしやう》を賜はつた。

二五、私天《してん》　自分ひとりの天。仕へる主人のこと。

二十六、黄山の戦

百濟《くだら》六百八十年の最後をかざる、華々《はなばな》しいいくさであつた。

新羅の大將金庾信《きんゆしん》は、唐の大軍と聯合して、ただ一討《ひとうち》に、百濟を討滅さうと、なだれのいきほひで押寄せた。幾度となく戰ひ敗れて、消えかかつた灯《ともしび》のやうに力のおとろへた百濟にとつては、どう防《ふせ》いでみても、勝目《かちめ》のないいくさである。

百濟の將軍階伯《かいはく》は、劍《つるぎ》を拔きはらつて、軍卒に號令した。

「吾と共に死する者は、出でよ!」

その一言に、五千のつはものが、命を投出して進み出た。それを幾つかの隊に組ませる

と、階伯は、わが家に立ちもどつて、妻子にいつた。

「このたびのいくさでは、萬に一つ生きて歸るのぞみはない。自分が國のために死ぬのはつゆほども惜《を》しくないが、お前たちが虜《とりこ》となつて、敵のはづかしめを受けるのは忍びぬところだ。今のうちに潔《いさぎよ》く死んで、恥を避《さ》けるがよい。」

もとより覺悟のこと、妻も子も刃《やいば》の前に進んで、少しも亂れなかつた。

妻子を斬つた足で、階伯は黄山《くわうざん》の野に陣を布《し》き、さて、いつた。

「ものども、よく聞け！　昔、越《ゑつ》の勾踐《こうせん》は、五千の兵で、よく呉《ご》の七十萬大軍を敗《やぶ》つた。ひるむな、怖《おそ》れるな。いまこそ勝を決して、國に報いるときが來たのだ。」

いひ終らぬうちに、決死のつはものたちは、喊聲《かんせい》をあげて、敵陣に斬込んだ。文字通り一騎當千《いつきたうせん》。ここを先途《せんど》と、鋒《ほこ》をそろへて斬進んだので、さすが唐羅《たうら》の聯合軍《れんがふぐん》も、三度まで陣を退かねばならなかつた。四度目の陣を立てなほしたが、百濟の勢はいよいよ冴《さ》えて、少しのゆるみもない。新羅の陣では庾信はじめ、欽春《きんしゆん》・品日《ひんにち》等の大將たちが、目のあたり見る味方の苦戰に氣をもみながら、なんとかして勢を盛りかへさうと、心を碎《くだ》いた。

品日の子に、官昌《くわんしやう》とよぶ若武者がゐた。まだ十六の初陣《うひぢん》ながら、馬を乘りこなすのが

上手で、そのうへ、槍《やり》が得意《とくい》であつた。

品日は、わが子をよんで、いつた。

「お前は、年こそ若いが、もう立派な一人前の武人《もののふ》だ。味方が苦戰におちてゐる。今こそ男子の名に恥《は》ぢぬはたらきをして、味方を勵《はげ》ますがよい。」

官昌は勇み立ち、瞳《ひとみ》をかがやかせて答へた。

「もとより、命はないものと覺悟してをります。父上の子です。見てゐて下さい。」

さういつて、馬にまたがるなり、槍を横たへて敵陣深く突入つた。そして、またたく間《ま》に四五人の敵を突伏せると、力つきてその場に捉《とら》へられ、敵將階伯《かいはく》の前に引据《ひきす》ゑられた。

階伯は、虜《とりこ》のかぶとをぬがせてみて、それがまだ十五、六の少年だとわかると、心から感じていつた。

「なるほど、新羅の強いわけがわかつた。少年にさへ、この勇氣があるのだもの。」

さういつて、頼《たの》もしさうに、若武者の顏を見下した。

斬《き》るべき敵ながら、あまりの天晴《あつぱ》れさに、階伯はゆるして、そのまま官昌を新羅の陣へ送りかへした。

敵のなさけで生還《いきかへ》つたことを恥ぢて、官昌は二三度、手桶の水をすくつて飲むと、そのまま槍を取りなほして、又もや百濟の陣へ駈けこんで行つた。

二、三人の敵を斬ると、また捉へられて、ふたたび階伯の前に連れてゆかれた。

階伯は、「敵ながら、たのもしや。」と歎《たん》じて、若武者の首を斬り、馬の鞍《くら》にくりつけてその首を、新羅の陣へとどけた。官昌の父、品日將軍は、わが子の首を取上げると、滴《したた》る血しほを袖で拭《ぬぐ》ひながら、

「でかしたぞ、伜《せがれ》よ。」

と、目をうるませて讃《ほ》めた。

それを見ると、新羅の軍卒は一時に奮《ふる》ひ立つた。

「官昌をひとり死なすな、死なばもろとも!」

口々に叫びながら、はやてのやうに百濟陣めがけて、なだれ込んだ。

さすが決死の百濟勢も、この突撃を支へることができなかつた。

やがて、大將の階伯が戰死し、五千の決死兵も、ほとんどみな討死して、勝利はつひに、新羅の手にをさめられた。

二十七、落花岩

百濟の義慈王《ぎじわう》*四六は、太子の時から勇氣があつて、そのうへ孝心に篤《あつ》かつた。それで國の人は「海東曾子《かいとうそうし》」と敬《うやま》つてゐた。

武王が四十二年で薨《こう》じ、そのあとを義慈王が承《う》けたのであるが、義慈王は、位に卽《つ》くとすぐに、自分から軍兵を率ゐて、新羅に攻入り、四十あまりの城を襲《おそ》つた。引きつづいて、大將の允忠《ゐんちゆう》に一萬騎をやつて、大耶城《だいやじやう》を擊《う》たせたが、ここでもまた大勝利を收《をさ》めた。

それ以來、十五、六年といふものは、明けても、暮れても、戰であつた。擊ちつ、擊たれつ、宿敵《しゆくてき》新羅と戈《ほこ》を交《かは》してゐるうちに、いつしか義慈王の心は、荒れすさんでいつた。

その昔、「海東曾子」と敬はれた義慈王も、いまでは、おのれをたのむ一個の暴君《ばうくん》にすぎなかつた。宮中には每日のやうに酒宴《しゆえん》が開かれ、みだらな笑ひと、さざめきが、夜晝なく宮室を蔽《おほ》うた。

それを苦々《にがにが》しく思つた成忠《せいちゆう》といふ大臣が、たびたび御意見をして、王の目を覺《さ》まさうとした。王は取りあはぬばかりか、とうとう怒つて、成忠を牢《らう》に閉ぢこめてしまつた。

それからは、誰一人、王に諫言《かんげん》を奉る者もなかつた。それをよいことにして、義慈王は、いよいよ亂行《らんぎやう》をつのらせた。

成忠は、ほどなく牢の中で死んだが、臨終《りんじゆう》の間《ま》ぎはに、最後の忠誠をかたむけて、王の手もとまで上書《じやうしよ》を奉つた。

「死すると雖《いへど》も、小臣《せうしん》は、國を忘れることが出來ませぬ。時を思ひ、變《へん》を察《さつ》しまするに、必ずや近いうち兵亂がおとづれませう。およそ兵を用ひるには、地の利を擇《えら》び、上流によつて敵を防ぐのが、上策《じやうさく》でございます。もし、陸から敵を受けましたら、炭峴《たんけん》を越えさせてはなりません。水路より來ましたときは、白江《はくかう》の岸より中へ入れず、江幅《かうふく》の狹いところで受けとめられ、もつて國土を保全《ほぜん》されますやう。」

成忠は、事こまかに戰の機略《きりやく》をのべて、死の間ぎはまで國を憂《うれ》へる至誠《しせい》が、その文面にあふれてゐた。しかし、義慈王は盞《さかづき》を手にして聞流したまま、二度とふりかへらうともしなかつた。

それから二年あまりして、百濟には次々と異變《いへん》があらはれた。

十九年の正月、狐が群《ぐん》をなして、王宮に入り、その中の毛色の白い一匹が、宰相《さいしやう》の机に坐つた。

五月には、王宮のすぐ後にある泗沘《しせいすゐ》水に、長さ三丈もあるえたいの知れぬ大魚《おほうを》が死んで浮かんだ。八月には、女の屍《しかばね》が流れついたが、これはまた、その身のたけが一丈八尺もあつた。

引きつづき九月になつては、宮中の老樹が、風もないのに搖動《ゆれうご》き、人の泣くやうな音を立てた。また、宮殿の南から鬼哭《きこく》が聞えた。

翌《あく》る年の二月、都ぢゆうの井戸といふ井戸が、殘らず血の色に變つた。海邊には死んだ魚が數知れず浮上り、泗沘水もやつぱり血のやうに紅くなつた。

五月に入ると、何萬といふ蟇蛙《ひきがへる》が、樹の上にのぼり、都の人たちは、わけもなしに走り出して、ものに追ひかけられるやうに、脅《おび》えながら逃げまはつた。そのために何百人といふ死人が出た。

同じ月に、嵐《あらし》が吹き、二度も地震が見舞つた。龍の形をした雲があらはれて、空の西東

に別れ、はげしく戰ふやうに見えた。

六月になつてからは、野鹿のやうなやせ犬が、西の方から、泗沘水の岸に來て、王宮に向かつて吠えたかと思ふと、急に見えなくなつた。都の辻々《つじつじ》に野良犬が集つて、不氣味《ぶきみ》な遠吠《とほぼえ》をつづけてから、どこともなしに散つていつた。

こんなふうに、次から次へと尾をひいて、不吉《ふきつ》な兆《きざし》があらはれたが、折しも宮中に鬼が出て、「百濟滅ぶ。」「百濟滅ぶ。」と叫《さけ》んだかと思ふと、地の底へもぐつてしまつた。怪しんで掘りかへして見ると、土の中からは、一匹の龜が出て來た。そして、その龜の背中のところには、「新羅は新月、百濟は滿月。」と、おぼろげに讀みとられる字の形があつた。

王は、さつそく占師《うらなひし》を呼んで、吉凶《きつきよう》をたづねたところ、

「新月はやがて滿ち、滿月は缺《か》けてゆきます。これは百濟のおとへる兆でございます。」

と、その占師はお答へした。王はその場で、占師を斬りすて、また一人、べつな占師を呼入れた。ところが、二度目の占師は、王の顏色をうかがひながら、

「滿月は勢の盛な象《かたち》、新月はまだ力の備《そな》はらぬ意《こころ》でございます。」

と、如才《じよさい》のない返事をしたので、「さもあらう。」と、王は始めて機嫌《きげん》をなほした。

こんなことがあつて、まだいくらもたたぬうちに、新羅國の五萬餘騎が、唐の蘇定方《そていはう》軍十三萬と勢を合はせて、百濟に攻寄せた。百濟の宮中では、「急いで撃たう。」といふ者もあり、さうかと思ふと、「持久戰《ぢきうせん》で、大兵の弱るのを待つべきだ。」といふ者もあり、どちらとも決斷がつかないので、王は使者をやり、かねてから、流罪《るざい》を申しつけてあつた興首《こうしゆ》といふ大臣に、戰略をたづねさせた。

興首は、亡くなつた成忠の意見をくりかへして、「なるべく敵を近よせず、都へせまらぬうちにお防ぎなさい。」と答へたが、その返事を使者が持つて歸ると、都にゐる大臣たちは、

「そんな意見など信用が出來ない。興首は永いこと流罪を蒙《かうむ》つて、今では君を怨《うら》み、國を憎《にく》んでゐるのだ。」

と、とうとう、その意見を用ひなかつた。その上、王の前に、こんな策戰《さくせん》が持出された。

「白江から敵を入れても、流に添つて船をあやつることは出來ません。新羅兵が炭峴を越えても、馬をならべるのが容易《ようい》ではないのです。かうして敵を近づけた上で、一度に

攻めかへしたら、網の中の魚をとるよりもざうさなくゆきます。」

それでは、といふので、この策戰が用ひられたが、むやみに敵を都に近よせたばかりで、水陸二つながら、無慙《むざん》な敗れかたをした。

黃山《くわうざん》の戰では、新羅軍との合戰に、階伯が力盡きてたほれ、熊津江《ゆうしんかう》の唐軍との會戰では、味方に一萬餘りの戰死を出して、これまた大敗《おほやぶ》れに敗れた。かうして、新羅と唐の聯合軍は、勢に乘つて、一擧に王宮へ迫《せま》つた。

つひに義慈王は、最期《さいご》の近づいたの

平濟塔《へいさいたふ》　唐の蘇定方《そていはう》が新羅と聯合して百濟を滅したときの紀念碑で「大唐平百濟國碑銘《ひめい》」の文字が刻まれてゐる。（扶餘）

を知つて、「成忠の忠言を用ひてさへゐたなら――。」と、及ばぬ後悔《こうくわい》にほぞを噛《か》みながら、太子と一緒に山へ逃げのびたが、百計盡きて唐の軍門に降《くだ》り、數百の宮女たちは、もすそをひるがへして、大王浦《だいわうほ》の巖頭《がんとう》から、身を投げて死んだ。

この巖《いはほ》は、あとで、落花岩《らくくわがん》と呼ばれるやうになつた。

落花岩　百濟滅亡の日，數百の宮女が巖頭より身をひるがへして死んだところ。（扶餘）

唐軍の大將、蘇定方《そていはう》は、義慈王や、王子たちを始め大臣・將士八十八人、捕虜《ほりよ》一萬二千八百七人を連れて唐へ歸つたが、間もなく、捕はれの恥多い身を義慈王は、他國の空で薨《こう》じ、「金紫《きんし》光祿大夫衞尉卿《くわうろくたいふゑいゐけい》」の追爵《つゐしやく》を贈《おく》られて、呉の皇帝の墓のそばに葬られた。

五部三十七郡、二百城、七十六萬戸、――三十一王、六百七十八年――。百済の廢墟《はいきよ》にかぞへられる、これが、總決算《そうけつさん》の數字であつた。

二十八、護國の智將

隋帝の遠征

漢末《かんまつ》以來、幾百年の永い間を、分裂《ぶんれつ》の狀態《じやうたい》にあつた支那大陸が、ふたたび隋《ずゐ》によつて統一《とういつ》されたのは、今より千三百餘年前である。

隋の新勢力は、文字通り目ざましいものがあつた。

北に、强族突厥《きやうぞくとつけつ》を降《くだ》した。南に、林邑《りんいふ》(安南《アンナン》)、琉球《りうきう》を從へた。

西には、中央アジヤ三十餘國をして、貢物《みつぎもつ》を獻《ささ》げしめた。

その中に、獨《ひと》り高句麗ばかりは、隋の旗風になびかうとしなかつた。

百濟《くだら》や新羅《しらぎ》が、はるばる使臣《ししん》を送つて、恭順《きようじゆん》を表したに引きかへ、高句麗は兵を用ひて、隋の國境を侵《をか》した。時には王自ら軍兵をひきゐて、遼西《れうせい》(隋領)へ攻入つたりした。

隋の自尊心《じそんしん》は、かうしたことで甚だしく傷《きず》つけられた。天下をわが物と心得てゐる隋にとつては、高句麗一つが目の上のこぶである。これを取除かねばといふので、遂に嬰陽王《えいやう》の二十三年夏、隋の煬帝《やうだい》は、二百萬の大軍を率ゐて自ら陣頭に立ち、高句麗へ遠征《ゑんせい》して來た。

その大がかりな戰《いくさ》仕度は、前代未聞《みもん》といはれた。動員《どういん》の實數百十三萬、その上、軍糧《ぐんりやう》や武器を運ぶために、數十萬の雜卒《ざつそつ》が加へられた。その行列は、支那の里程《りてい》にして蜿蜒《ゑんえん》九百六十里に及んだといふ。日本の東海道の全長に等《ひと》しい長さである。

いかに高句麗が武に聞えたとしても、これだけの大軍を迎へては、うろたへざるを得ない。正に興亡《こうばう》の瀬戸ぎはである。宮中では顯門重臣《けんもんぢゆうしん》が一堂に會して、この未曾有《みぞう》の國難を切抜けるために、智慧《ちゑ》をしぼりあつた。

「一人殘らず討死をするとも、戰へるまでは戰ひ抜かう。」

さういふ者もあつた。

「いや、それは無鐵砲といふものだ。意氣冲天《ちゆうてん》の大敵を相手にしてみたところで、どうせ勝目はない。この際、一時を屈《くつ》して、急禍《きふくわ》を免《まぬか》れるに若《し》くはあるまい。」

分別《ふんべつ》らしく、さう述立てる者もあつた。

室韋
黒水靺鞨
粟末水
靺鞨
粟末靺鞨
霫
潢洛水
高句麗
東扶餘
契丹
遼
奚
託紇臣水
遼水
遼西
遼東城
國內城
沸流水
徒太山
鴨綠水
沃沮
薩水
平壤
漁陽
涿郡
芝罘山
北漢山
東萊
北海
琅琊
曲阜
通濟渠
梁
彭城
淮
百濟
新羅
泗沘
斯盧
(鷄林)
任那
耽羅
筑紫
邗溝
江都
淮南
合肥
江南河
餘杭
會稽
臨海
臨川

三國時代の朝鮮及び
隋代亞細亞形勢圖

戰ひ抜かうにも、あまりに敵が大きい。尋常の手段では、齒の立つ道理が無い。

されぱとて屈服《くつぷく》しては、萬代《ばんだい》に恥を殘すことになる。

どうしたらよいか、どう切抜けるべきか。戰か、和か。——衆論《しゆうろん》はもつれあふばかりで、いつまでたつても、見定《みさだめ》がつかない。その時、はるかの末座《まつざ》から進み出て、王の前に平伏《へいふく》した一人の武將があつた。

「畏《おそ》れながら、傲慢《がうまん》の敵を打ちひしぐのは、高句麗に降された、天意かと存ぜられます。このたびの國難《こくなん》には、願はくば、小臣《せうしん》をお用ひ下さいますやう。微《び》力《りよく》なりと雖も、忠勇強直《がうちよく》の軍士と共に城を背《お》つて一戰し、子孫のために、はたまた國家萬代のために、邪《よこしま》の敵を防がう所存《しよぞん》でございます。」

威風《ゐふう》あたりを拂ひ、國を憂《うれ》へる至誠《しせい》は、凛然《りんぜん》とした音聲《おんじやう》にこもつて、堂を搖《ゆる》がすやうに思はれた。それは大將劉文敬《りうぶんけい》の幕下《ばくか》にゐる、乙支文德《おつしぶんとく》といふ武將であつた。

乙支文德のこの願は、王にこころよく聽《き》きとどけられた。その時から文德は、征虜《せいりよ》大將軍に任命され、一介の武弁《ぶべん》から、一躍《いちやく》して高句麗の興亡《こうばう》を雙肩《さうけん》に擔《にな》ふ身となつた。

薩水江岸の白兵戰

文德《ぶんとく》の兵は、僅に一萬を越えなかつた。そしてこの軍《いくさ》は、前後六ヶ月つづいた。はじめ戰端《せんたん》は遼水《れうすゐ》で開かれたが、高句麗《かうくり》の力戰《りきせん》及ばず、隋《ずゐ》の軍勢は、遼水を越えて雪崩《なだれ》のやうに追迫《おひせま》つた。

沿道《えんだう》の諸城が、つぎつぎに陷《お》ちた。

つひに高句麗軍は、鴨綠江《あふりよくかう》の西まで退《しりぞ》いたが、このとき文德は、和を乞《こ》ふやうに見せかけ、自分から請降使《せいかうし》*二六となつて、單身《たんしん》敵陣に乘込んだ。そして軍情の虚實《きよじつ》をつぶさにさぐると、隙《すき》を見て遁《のが》れかへつた。隋軍があとを追ひかけたが、その頃はもう、夜の闇《やみ》にまぎれて江《かは》を越えてゐた。

隋軍は大いに怒《いか》つて、鴨綠江を押渡り、一氣に平壤城《へいじやうじやう》へ迫らうとした。もうそろそろ軍糧《ぐんりやう》が盡きかけたので、敵の士卒には飢《うゑ》の色が見えた。

文德は、その樣子を知つて、到るところに小兵を出沒《しゆつぼつ》させては、敵兵を疲《つか》らせた。また一日のうちに六、七度も、わざと戰つては敗れた。それを、計略《けいりやく》と知るよしのない隋軍は、

勝に馴《な》れ、いよいよ驕《おご》つて、平壌城を去る三十里*一六の近さに迫つた。

かうして敵を深く誘《さそ》ひ込んだうへで、文徳は山を背にして陣を布《し》き、一首の詩*二七を賦《ふ》して敵の陣に贈《おく》つた。

神策天文《しんさくてんもん》を究《きは》め
妙算《めうさん》地理を窮《きは》む。
戰勝功《こう》すでに高し、
願はくば、足るを知りて止《とど》めよ。

「お手並のほど驚き入る。もう手柄も樹てたことゆゑ、その邊で引揚げては如何か。」と、さういふ意味である。

平壌城は、守りが固くて、容易に陥ちさうもない。兵糧《ひやうらう》は殘り少なのうへに、士卒の疲《つかれ》も目立つて來た。――それやこれやを思ひ合はせて、隋軍の方では、これをしいほに無理にも寛大《くわんだい》を装《よそほ》つて、戈《ほこ》を收《をさ》めようとした。

その時である。

いままで、鳴りを鎮《しづ》めてゐた文徳の兵は、四方から一時に發して、敵を挾撃《はさみうち》にかけた。勝ちに勝ちつづけて、侮《あなど》り油斷《ゆだん》した隋軍は、この急襲《きふしふ》にあはてふためいて、陣を立て直すひまもなく逃出した。それを追ひかけて文徳の兵は、とうとう敵勢を、薩水《さつすゐ》*二八の岸まで追ひつめた。

後《うしろ》には決死奮迅《ふんじん》の追手《おつて》、前には滔々《たうたう》たる大河《たいが》――、始めて隋軍は、文徳の術中《じゆつちゆう》に陷《おちい》つたと氣づいたが、すでに手後れであつた。このうへは、河を渡つて逃れるほかに途《みち》はない。

折やよし、河岸には、百艘《さう》あまりの空船《あきぶね》が繋《つな》がれてゐた。幾十萬の敵卒《てきそつ》は、先を爭つてそれに飛乘ると、ともづなを切つて、河中《かはなか》へ漕出《こぎだ》した。そのとき、河上の方には、七人の旅僧《りよそう》があらはれて、これはまた樂々と、すそまくりをして河を渉《わた》つた。あそこには淺瀨があるといふので、敵兵の群は、河上めがけて殺到《さつたう》した。

文徳は、敵勢をここへ追込む前に、あらかじめ水練《すゐれん》の者をやつて、船底《ふなぞこ》をこつそりくりぬかせて置いた。また、部下の者七名を僧形《そうぎやう》に變へさせて、よいしほどきに河を渉らせた。河底には、わづかに人一人通るだけの、足場がつくられてあつた。

薩水大捷の圖　李如星筆

この奇策《きさく》に乗ぜられて、河へ飛込んだ者は、急流に呑《の》まれたまま、一矢《いつし》を交《かは》さずに河中へ葬《はふむ》られた。船を漕出した者も、半ばまで行かぬうちに水船《みづぶね》となつて、これまた一人殘らず溺《でき》死《し》した。岸に殘る者も、追迫つた高句麗勢の必死の奮撃《ふんげき》を支へきれず、斬立てられ、突きまくられて、ほとんど全軍が潰滅《くわいめつ》した。

戰が終ると、隋帝煬《やう》は、胸に矢を受けて傷ついた身を、二千七百の殘卒《ざんそつ》と共に、本國へ運ばれた。戰場の常とはいへ、その敗北は、あまりにも傷《いた》ましく、凄慘《せいさん》であつた。

この薩水大敗《たいはい》によつて、隋の國威《こくゐ》は、日に日に失墜《しつつゐ》し、民力《みんりよく》の疲弊《ひへい》とともに、內亂外侮《ぐわいぶ》愈々募《つの》つて、ほどなく隋帝は逆臣《ぎやくしん》に弑《しい》されて

果て、さしもの强大を誇《ほこ》った隋も、新朝《しんてう》「唐《たう》」のために、その王座《わうざ》を譲《ゆづ》ることとはなった。

僅に一萬の手兵《しゆへい》をもつて、善戰力鬪《ぜんせんりきとう》、よく雲霞《うんか》の大敵を防ぎ、高句麗を累卵《るゐらん》の危《あやふ》きより救った乙支文德は、護國《ごこく》の智將《ちしやう》として、永く後世《こうせい》に崇《あが》められた。薩水の奇略《きりやく》が神話化《しんわくわ》されて、僧形の七人を、如來《によらい》の現身《うつせみ》と語り傳へたのが、今に殘る七佛寺《しちぶつじ》の傳說《でんせつ》である。

二六、請降使《せいかうし》　和睦《わぼく》を乞《こ》ふための使者《ししや》。
二七、詩《し》　三國時代《さんごくじだい》の詩《し》として後世《こうせい》に傳はるものは、この詩と、新羅眞德《しらぎしんとく》女王の「太平頌《たいへいせう》」だけである。
二八、薩水《さつすゐ》　今の清川江《せいせんかう》。

二十九、安市城の血戰

淵蓋蘇文

隋軍《ずゐぐん》の敗退《はいたい》から七年して、嬰陽王《えいやう》は、在位《ざいゐ》二十九年の秋、病に薨《こう》じ、異母弟《いぼてい》の建武《けんぶ》が、高句麗《かうくり》二十七代の位を嗣《つ》いで、榮留王《えいりう》となった。

時に支那大陸では、隋に代つて、唐の新勢力が擡頭《たいとう》してゐた。まだその時まで、高句麗には、隋軍の捕虜《ほりよ》數萬が殘つてゐたが、唐の使節が往來するたびに、この捕虜たちは、沿道《えんだう》に泣訴《きふそ》して、一日も早く送還《そうくわん》されることを、願つてやまなかつた。

唐帝太宗《たいそう》は、たとへ隋の不始末《ふしまつ》によせ、これは漢民族《かんみんぞく》の恥辱《ちじよく》だと考へた。そこで折ある毎に、高句麗にかけあつて、捕虜たちを取返したり、戰死した隋兵の遺骨《ゐこつ》を還送したり、或はまた、高句麗に建てられた京觀《きやうくわん》＊二九を取毀《こは》すやうに、申し入れたりした。ところが榮留王は、天性《てんせい》意志弱く、暗愚《あんぐ》だつたので、唐の申入をなに一つ斥《しりぞ》けることが出來ず、いひなり次第に、何でも聞入れてゐた。

高句麗の武將《ぶしやう》に、淵蓋蘇文《えんがいそぶん》といふ、氣骨隆々《きこつりゆうりゆう》たる人物があつた。容貌《ようばう》からして魁偉《くわいゐ》、一たび馬上にあつて、三軍を叱咤《しつた》するときは、貴人《きじん》武將と雖《いへど》も、まともに仰ぎ見ることが出來なかつたといふから、まづ鐘馗《しようき》さんの顏とおもへばよい。その蘇文は、王の軟弱《なんじやく》があきたらず、唐との交渉《かうせふ》あるたびに、異議《いぎ》を唱《とな》へて一々反對したので、王は内心はなはだけむたく思つてゐた。さうした直情《ちよくじやう》の人ゆゑ、多くの敵もあつたに相違ない。つひに君臣の忌憚《きたん》するところとなつて、蘇文は、辟地《へきち》の築城《ちくじやう》見廻りといふ有難くない地位に、追ひ

やられてしまつた。

それでもまだ安心が出來ず、王は臣下たちと謀《はか》つて、蘇文を殺さうとした。そのことが事前《じぜん》に知れたので、蘇文は東部の軍兵を一つに集め、閲兵《えつぺい》にことよせて、國の大臣たちを殘らず招待《せうだい》した。やがて、宴會《えんくわい》となつたとき、軍兵に號令して、大臣たちをみなごろしにしたうへ、宮中に駈入《かけい》つて、王まで弑《しい》してしまつた。

ここに於て蘇文は、王の甥《をひ》を立てて位に卽《つ》かせ(寶藏《はうざう》王)、自分は莫離支《まくりし》*三〇となつて、文武の權を掌握《しやうあく》した。時に蘇文の年は、僅に二十九歳であつた。

唐の使者

淵蓋蘇文は、かうして王を手にかけ、自ら高句麗の宰相《さいしやう》となつたが、世にある所謂《いはゆる》逆臣《ぎやくしん》とは少しばかり違つてゐた。

國政《こくせい》に臨んでは公明《こうめい》、百年の大計《たいけい》をもつて、民利《みんり》を圖《はか》ることを忘れなかつた。

一切の政制《せいせい》を改革《かいかく》し、武備《ぶび》を新《あらた》にした。また唐より道教《だうけう》を輸入《ゆにふ》して、儒教《じゆけう》・佛教・道教をほどよく按排《あんばい》し、文化の偏《かたよ》ることがないやうに心を配《くば》つた。

また百濟《くだら》と結んで、新羅《しらぎ》の棠項城《たうかうじやう》その他を攻落《せめおと》したが、これは唐と新羅の交通要路《えうろ》を斷《た》つための、やむを得ない自衞策《じゑいさく》であつた。

蘇文のかうした改革が、唐にとつて、快く思はれる筈《はず》はない。何かといへば、大國《だいこく》風を吹かせて、支那が偉《えら》ぶつてゐた時である。王を弑《しい》した逆臣、といふいひがかりで、唐帝は大兵を驅集《かりあつ》め、またまた高句麗を攻めようとした。その下心《したごころ》には、一擧《いつきよ》に高句麗を討從へて、往年《わうねん》隋が蒙《かうむ》つた恥を雪《そそ》ぎ、大國の威信《ゐしん》を取返さうといふ、皮算用《かはざんよう》もあつた。唐帝のこの計畫《けいくわく》は、しかし、押しとどめる者があつて、一時見あはせることになつた。

一方、新羅は、高句麗と百濟が同盟《どうめい》して、要害《えうがい》の城を陥れたので、それを取返すために唐へ使者を送り、援兵《ゑんぺい》をたのんだ。そこで唐帝は、臣下を高句麗に遣《つか》はして、大人が子供の喧嘩《けんくわ》に臨むやうな、横柄《わうへい》な仲裁《ちゆうさい》を試《こころ》みた。

「新羅を攻めてはならぬ。もし百濟と共に兵を引かねば、來年汝《なんぢ》の國を撃《う》つであらう。」

だいたい、かういふ意味の口上《こうじやう》であつた。

蘇文は一喝《いつかつ》の下《もと》に使者を歸したが、その後、また別な使者が、唐から同じ口上をもたらした時、とうとう堪忍袋《かんにんぶくろ》の緒《を》を切らして、「他人の國政に、何を立入るか。」と、その使者を

囚《とら》へ、洞窟《どうくつ》に閉ぢこめてしまつた。

唐帝の遠征

怒り心頭《しんとう》に發した唐帝は、側近《そくきん》の者等の諫止《かんし》にも耳をかさず、すぐさま、高句麗征討《せいたう》の動員令《どういんれい》を下した。そして積年《せきねん》の胸のつかへを、一擧《いつきよ》に晴らさうとかかつた。

寶藏《はうざう》王三年（唐貞觀《ていくわん》十八年）七月、新に四百艘の軍船を造らせて、これを兵糧《ひやうらう》の輸送《ゆそう》に充《あ》て、幽《いう》・營《えい》（直隷省《ちよくれいしやう》）二州の兵と、契丹《きつたん》、奚《けい》その他の軍卒を集めて、遼東《れうとう》を攻めさせたのを手始めに——、

十月には、水陸兩路軍《すゐりくりやうろぐん》を編成《へんせい》して、張亮《ちやうりやう》を平壤《へいじやう》道行軍大總管《だいそうくわん》に任命し、四萬三千の兵と、戰船五百艘をひきゐて、萊州《らいしう》*三一から海路《かいろ》を平壤に攻入らせ——、

また、李世勣《りせいせき》を、遼東道行軍大總管に任じ、歩騎《ほき》六萬と降胡兵《かうこへい》をつれて、遼東を擊《う》たしめ、唐帝自らは、中央軍に在つて大本營《だいほんえい》を總管することとして——、

いよいよ長安《ちやうあん》*三二を出發したが、その賑々《にぎにぎ》しい軍列《ぐんれつ》は、往年の隋帝遠征《ゑんせい》には及ばないまでも、それを彷彿《はうふつ》させる仰々《ぎやうぎやう》しさであつた。

この出兵には、唐帝の側近が、擧《こぞ》つて反對した。中でも、宣州刺史《せんしうしし》の鄭元璹《ていげんちう》等は、曾《かつ》て隋帝の遠征に從つたことがあるので、その折の苦《にが》い經驗《けいけん》が忘れられず、さまざまに說《と》いて思ひ止らせようとしたが、唐帝はいつかな、ひるがへさなかつた。

「曾《かつ》て、隋の煬帝《やうだい》は暴虐《ばうぎやく》をもつて下《しも》に臨《のぞ》み、高句麗王はその民を慈《いつくし》んだ。亂を思ふ軍が、安和《あんわ》の民《たみ》を擊《う》つて敗れたのは當然である。今の高句麗を擊つのとは、事情が違ふ。」

といつて、必勝《ひつしよう》疑《うたがひ》ない五つの道理を擧げた。

一に、大をもつて小を擊つ。

二に、順をもつて逆を擊つ。

三に、理をもつて亂に乘ず。

四に、逸《いつ》をもつて勞に敵す。

五に、悅《えつ》をもつて怨《えん》に當る。

つまり、高句麗の淵蓋蘇文《えんがいそぶん》や、蘇文の立てた王といふのは、「亂」であり、「逆」であり、「怨」である。そのうへ「逸」が「勞」に對し、「大」が「小」に臨むのだから、この戰は必ず勝つといふのである。

いかに昔のこととはいへ、安逸が勤勞に勝つなどといふのは、妙《めう》な理窟《りくつ》であるが、これは健《すこやか》な者が、疲《つか》れて弱つた者に勝つ、といふほどの意味と思へばよい。ここで唐帝は、もう一度重ねて、戰の目的を宣言《せんげん》した。

「遼東は、もと中國《ちゆうごく》の地である。隋が四度も兵を出して、取返すことが出來なかつた。朕《ちん》は今、中國のため、子弟《してい》の仇《あだ》を報《むく》い、高句麗のために、君父の恥を雪《そそ》がうと思ふ。なほまた、四方が平定《へいてい》して、高句麗だけが未《いま》だ從はずにゐる。それを、朕の老いる前に取りひしがねばならぬ。」

唐帝のこの意氣込は、ただ言葉の上だけではなかつた。自ら弓矢を擔《にな》ひ、雨合羽《あまがつぱ》を鞍《くら》に結んで進んだといふのだから、それだけでも、如何《いか》に眞劍《しんけん》であつたかがわかる。

かうして、長安を進發した唐帝の中央軍は、寶藏王の四年三月、鴨綠江《あふりよくかう》を越えて平安道《へいあんだう》の定州《ていしう》に着いた。

金色の鎧

蘇文はこれに先立つて、唐軍通過《つうくわ》の關所《せきしよ》である遼東城*三三に精兵二萬を集め、軍糧《ぐんりやう》五十萬石

を用意して、備《そなへ》を固《かた》くした。その上、遼水《れうすゐ》には多くの兵を配置《はいち》し、一方、百済に檄《げき》を送つて、新羅の援唐軍《ゑんたうぐん》を押へさせ、また靺鞨《まつかつ》に命じて、兵を出すやうにした。

このやうに、萬端《ばんたん》手ぬかりなく備へはしたが、衆寡《しゆうくわ》敵せず、まづ遼水の戰で敗《やぶ》れ、新城＊三四・蓋牟《がいむ》＊三五の兩役では、大いに奮戰《ふんせん》して、敵の副大總管李道宗《りだうそう》を擊退《げきたい》し、左屯衛《さとんゑ》將軍姜確《きやうかく》を斬伏せたが、李世勣《りせいせき》の挾擊《けふげき》に遭《あ》つて陷落《かんらく》させられ、兵二萬・軍糧十萬石を敵の手に渡した。

また建安城《けんあんじやう》では、群る敵勢を敗つて氣勢を上げたが、五月に至つて卑沙城《ひさじやう》＊三六が失はれ、引きつづいて、難攻不落《なんこうふらく》を誇《ほこ》つた遼東城が、數十日の苦戰のあげく、折柄《をりから》の南風に乘じて、敵が放つた火のために陷落した。

この遼東城の戰では、味方の死傷一萬、虜《とりこ》となつた者、軍民を合はせて五萬餘、そのうへ、軍糧五十萬石まで敵に奪《うば》はれるといふ、慘澹《さんたん》たる敗北《はいぼく》であつた。この戰で唐軍の方でも、三萬餘の死傷を出した。

唐軍は、さらに戈《ほこ》を進めて、今度は白巖城《はくがんじやう》を敗り、破竹《はちく》の勢で安市城《あんしじやう》へ進擊をつづけた。安市城は高句麗軍にとつて、扇《あふぎ》のかなめにもたとへられる要害《えうがい》である。ここで一氣《いつき》に敵を屠《ほふ》らねばと、蘇文は十五萬の靺鞨兵を送つて、安市城を援《たす》けさせた。その軍列およそ

四十里、(一六)當時の記録《きろく》にも、「旗幟《きし》天日を蔽《おほ》ひ、鼓角《こかく》は轟《とゞろ》いて天地を搖《ゆる》がした。」とあるほどで、意氣すこぶる壯《さか》んなものがあつた。

唐軍は、安市城に向かふ途中で、高句麗勢と出會ひ、一戰を交すことになつたが、その堂々たる陣形を見て、内心では大いに怖《おそ》れをなした。

ところが、味方が戰略《せんりやく》を誤《あやま》つたために、折角《せつかく》の大軍をひかへながら、また、高句麗勢は無慙《むざん》な敗北をした。

戰はずして持久《じきう》し、後《うしろ》から敵の糧道《りやうだう》を斷《た》たうといふ、老練《らうれん》な軍師の主張《しゆちやう》が用ひられず、經驗《けいけん》の淺い若手の武將たちが、敵を侮《あなど》つて、いたづらに功を急いだため、ことごとく敵の計略に乘せられてしまつたのである。高句麗勢の中から、三萬六千といふ將卒が、ここで捕虜《ほりよ》になつた。

唐帝は、びくびくものでかかつた戰が、思ひがけず大勝利となつたので、手の舞ひ足の踏《ふ》むところを知らず、陣中に宴會を開いて、大いに將卒の勞をねぎらつた。

金色の鎧《よろひ》をつけて、喜色滿面《きしよくまんめん》、席に臨んだ唐帝の目には、高句麗の山川草木、ことごとくが、わが物に見えた。目ざす安市城は、手のとどくところにある。戰局《せんきよく》はすでに、九分通り

決したといつてよい。いで一もみに、もみ潰《つぶ》してくれようと、胸を張つてうそぶいた。

しかし、唐帝のこのよろこびは、安市城に攻めかかるまでの、はかない夢《ゆめ》に過ぎなかつた。

城主梁萬春

安市城の城主は梁萬春《りやうばんしゆん》といつて、つとに忠勇剛直《がうちよく》をもつて聞えてゐた。

蘇文の政變《せいへん》の時、國内の城主たちは、いづれも蘇文の足もとにひれ伏して、一言不服《ふふく》を申し立てることさへ出來なかつた。ところが、安市城の萬春一人が、節《せつ》を持《ぢ》して屈《くつ》せず、かへつて蘇文をなじり、その過激《くわげき》な行動を責《せ》めたので、蘇文は大いに怒り、自分から兵をひきつれて、萬春の城を討たうとかかつた。

萬春とても、手をつかねてはゐない。撃ちつ、撃たれつ、しばらくはもみあつたが、そのうちに蘇文の方で、萬春を見直した。

「あの智略《ちりやく》、あの勇氣、これはめつたに得られる男ぢやない。きつと今に役立つ人物だ。」

さう見込んで、今までの無禮《ぶれい》をゆるし、萬春と手を取合つて、引きつづき安市城の城主

の地位にとどまらせた。

蘇文の、この心意氣に感激《かんげき》して、蓋蘇文も改めて忠誠《ちゆうせい》を誓《ちか》ひ、それからといふもの、ひたすらに民を治《をさ》め、兵を養つて、蘇文の信任に報《むく》いて來たのである。

唐帝は李《り》世勣《せいせき》を主將《しゆしやう》に立てて、自ら全軍を督勵《とくれい》しながら、安市城に立向かつたが、安市城の守勢《しゆせい》は、固く守つて一步も近づけない。城壁の上で軍鼓《ぐんこ》を鳴らしながら、今にも擊つて出ると見せて、出ては來ず、唐軍の陣地へ向かつて、嘲弄《てうろう》をくりかへすばかりである。

唐帝や、主將の李世勣は、齒がみして口惜《くや》しがり、

「今に見よ。城を陷れたら、一人殘らず、みなごろしにしてくれる。」

と、いきまいた。

かうして、目の前に安市城を見上げながら、にらみあひのまま二ヶ月過ぎたが、安市城の守りには、いゝみぢんの隙《すき》もない。そのうちに追々と、氣候が寒さに向かつて來た。

暖い土地から來た唐軍には、何よりも寒さが怖《こは》い。冬にならぬうちに、城を陷さうと、いよいよ氣をもみ出した。續けざまに大石をはふり投げて、城樓《じやうろう》をこはしてみたり、火玉の矢を射かけたりしたが、城兵たちは大弓を引きしぼつて、ずらりと城壁の上に立並び、唐兵

近づくと見れば、一度に亂射《らんしや》するので、どうすることも出來ない。こはれた城樓は、たちまちの間に修理《しうり》され、火玉の矢も落ちるはしから、もみ消されてしまふ。こんなことでは、いつまでもらちがあかないと、唐軍は、いよいよ最後の手だてにかかつた。

勝利の戰鼓

城の間近くに、城壁《じやうへき》よりも一段高い土山を築《きづ》かうといふのである。夜晝《よるひる》を分たずおよそ六十日、延《の》べて五十何萬の役卒《えきそつ》をつかつて、つひにこの大がかりな、人工の山が出來あがつた。

築山《つきやま》が出來ると、部將の伏愛《ふくあい》といふ者を、そ

こへ置いて、城を見下しながら攻めることになつた。築山の上からひつきりなしに、城内めがけて、矢の雨が降る。築山の左右から世勣・道宗の兩軍が城内へ攻めかかる。——城兵も防ぎに防ぎ、あらんかぎりの力で射返したが、かうして幾日も矢合戰《やがつせん》がつづく間に、さすが守りの固い安市城も、こんどこそ危《あやふ》いかと思はれた。

折も折、築山の一方が崩《くづ》れて城壁に大穴を明けてしまつた。たまたま部將の伏愛が築山を離れてゐたので、唐軍の守卒《しゆそつ》たちは、まごまごして應急《おうきふ》の手《て》配《はい》が出來なかつた。この穴から一時に敵勢が雪崩《なだ》れこんだら、或は安市城の運命はそこで定まつたかも知れない。

城主の萬春は、機略縱横《きりやくじゆうわう》の武人である。この思ひがけない出來事を、とつさの機轉《きてん》で、逆に利用した。精兵數百人と一緒に、それッとばかり穴から駈出《かけで》ると、一氣に築山を突いて、守卒を追散らし、またたく間に築山を占領《せんりやう》してしまつた。

味方の士氣は、一時に奮《ふる》ひ立つた。

勞《らう》せずして地の利を得たのである。城中の男女老幼、或は弓矢をとり、或は戰鼓《せんこ》を打鳴らし、女たちは髮《かみ》の毛を拔いて弓弦《ゆづる》を作り、矢をくるなど、一心一體となつて、それこそ血の出る戰がはじまつた。前後四ヶ月、押へに押へてゐた籠城軍《ろうじやうぐん》の戰意《せんい》が、一時にせきを切つて、ほとばしり出たから、その勢のはげしいこと、わづか二日の戰で、唐軍の陣營はほとんどガラ空きとなり、文字通り血の河、屍《かばね》の山が築かれた。

馬上にあつて、全軍を叱咤《しつた》してゐた唐帝は、不覺《ふかく》にも右の眼を矢に射拔《いぬ》かれて、馬から落ちた。それを見て、いよいよ亂れ立つた敵陣の中へ、高句麗勢は雪崩《なだれ》を打つて斬込《きりこ》み、一人殘らず根絶《ねだ》やしにかかつたが、日が落ちて暗くなつたので、途中で見切をつけ、勝利の戰鼓《せんこ》を打鳴らしながら城内へ引上げた。

百疋の錦

安市城の一戰で唐帝は、九分九厘の勝利をくつがへされた。その憤《いきどほり》、その口惜《くや》しさ、たとへる言葉もない。築山を失ひ、敗戰の因《もと》をつくた伏愛を、一刀の下《もと》に斬りすてると、あきらめかねる思を抱《いだ》いて、唐へと歸つた。

冬寒く、軍糧もほとんど盡きて、士卒や軍馬のみじめさ、そぞろに哀《あはれ》をとどめたが、敗れたりと雖も大唐帝國の君主である。安市城を去るにのぞみ、百疋の錦《にしき》を城主萬春に贈《おく》つて、衿度《きんど》のほどを示した。それに對して萬春も、城樓に立つて禮をかへし、敗れて歸る大國の君主をいたはつた。

唐軍の損失《そんしつ》は、水陸を合はせて十六萬、數萬の軍馬もほとんど失ひ、生殘りの士卒僅に二千幾百人を數へるに過ぎなかつた。この痛《いた》ましい敗軍の一行は、遼東附近の、八十里*一六にわたる泥沼《どろぬま》や、吹きすさぶ寒風に惱《なや》みぬき、骨身にとほる辛苦《しんく》をなめて、翌る年の春三月、やうやくその首都へ歸り着くことが出來た。

唐帝は歸り着いたあとも、高句麗で受けた痛手《いたで》が癒《い》えず、死んだ直臣《ぢきしん》の名を呼びながら、

「魏徴《ぎちよう》がもし生きてゐたなら、高句麗などへ、自分をやりはしなかつたであらう。」

と、かへらぬぐちをくりかへした。ところが、二年たたぬ間に、またまた高句麗遠征を思ひ立ち、「こんどこそは。」と、意氣込んで出て來る途中、病に崩《ほう》じ、遺詔《ゐせう》して兵を還《かへ》らせた。どこまでも武運の拙《つたな》い、氣の毒《どく》なお方であつた。

二九、京觀《きやうくわん》　戰捷記念臺《せんせうきねんだい》。
三〇、莫離支《まくりし》　高句麗《かうくり》の總理大臣《そうりだいじん》。大宰相《だいさいしやう》。
三一、萊州《らいしう》　今の山東省《さんとうしやう》。
三二、長安《ちやうあん》　國の首府《しゆふ》。京《きやう》。
三三、遼東城《れうとうじやう》　今の遼陽《れうやう》。
三四、新城《しんじやう》　奉天《ほうてん》の西北。
三五、蓋牟《がいむ》　今の蓋平《がいへい》。
三六、卑沙城《ひさじやう》　今の旅順。

三十、男生兄弟（高句麗の滅亡）

高句麗の宰相淵蓋蘇文《さいしやうえんがいそぶん》は、寶藏王《はうざう》の二十五年にみまかり、その子の男生《だんせい》が、父の跡目《あとめ》を

ついで、莫離支《まくりし》＊三〇となつた。

男生には二人の弟があり、男建《だんけん》・男產《だんさん》といつた。男生は宰相の位につくと、すぐに國內の城を見廻るため、この二人の弟に政治をあづけて、都を出發した。

そのるすへ、ある者が來て、弟たちにささやいた。

「氣をつけなさいよ。兄さんはあなた方を目の上のこぶにして、殺さうとしてゐるのです。先手を打つて、災難《さいなん》をのがれるやうになさい。」

男建も男產も、「まさか。」と打消して、はじめは信じなかつた。

こんどは旅先の兄のもとに來て、根も葉もない噓《うそ》を告げた者があつた。

「二人の弟さんが、あなたの權勢《けんせい》を奪《うば》ふために、さまざま手を廻してゐるのです。うかうかと都へはかへれませんよ。」

よもや、そんなことがあらうとは、男生にも受取れなかつた。けれども念のために、身近《みぢか》の家來を都へやつて、弟たちの樣子をさぐらせた。

その家來が、都へこつそりやつて來たところを、二人の弟に感づかれてしまつた。

「やつぱりさうだつたのか。兄さんは、私たちを殺さうとしてゐるのだ。これはぐづぐづ

してゐられない。」

弟たちは、その家來を捕へて閉込めたうへ、王樣の勅命《ちよくめい》を藉《か》りて、男生を都へ呼戻さうとした。

兄の男生は、家來が歸らぬうへに、にはかに勅命で呼ばれたので、弟たちの謀反《むけん》を始めて信じるやうになつた。

「さてこそ、あれは、眞《まこと》であつたのか。」

男生は、いまさらのやうに驚いた。歸れば、どんなわなが、待設《まちまう》けてゐるかわからない。これは、うつかりしてゐられないと、勅命にもかかはらず、都へ戻らうとしなかつた。

二人の弟は、兄が歸らないので、いよいよ間違なしときめ込んだ。そして王勅《わうちよく》に背《そむ》いたといふ口實の下に、二番目の男建が、自分から莫離支*三〇となつて、兄を捕へるために、兵を出した。

兄の男生は、國內城といふ城に遁《のが》れて、危《あやふ》く禍《わざはひ》を免《まぬか》れたが、心中の憤《いきどほり》を押へることが出來ない。そこで使を唐へさし向け、肉親《にくしん》の弟たちに裏切られた怨《うらみ》を、唐の帝にうつたへて、援兵《ゑんぺい》を貸《か》してもらひたいとたのんだ。

唐の高宗《かうそう》は、契苾何力《きつぴつかりき》といふ大將を送つて、男生を援《たす》けさせた。それで男生は高句麗から拔出して、唐へ遁《のが》れることが出來た。

唐帝は男生を迎へると、亡命《ばうめい》の人として扱《あつか》はず、かへつて要職《えうしよく》に置いて、兵馬を司《つかさど》らせた。この骨肉《こつにく》の爭こそ、唐にとつては、願つてもない好機會《かうきくわい》であつた。

翌月、唐帝は男生に、「特進遼東都督兼平壤道安撫大使《とくしんれうとうととくけんへいじやうだうあんぶたいし》」といふ、長つたらしい肩書《かたがき》を授けて、李世勣《りせいせき》と一緒に高句麗を擊たせた。怨を故國《ここく》に抱《いだ》き、弟たちへの憎《にく》しみで心の狂つた男生は、曾《かつ》ては父によつて護《まも》られた高句麗を、こんどは自分から攻めることになつた。

この戰は前後二年、しのぎを削《けづ》つてつづけられた。或は進み、或は退《しりぞ》き、容易《ようい》に勝敗《しようはい》が決《きま》らなかつたが、高句麗側に內應《ないおう》する裏切者が出て來たのと、新羅の軍勢まで力を合はせたために、とうとう唐軍の方へかちどきが擧《あが》つた。

高句麗が滅びると、人民たちは、泣いて新羅へ移り、或は靺鞨《まつかつ》や突厥《とつけつ》などへ、分れ散つた。かうして蘇文の死んだわづか二年後に、兄弟同士の醜《みにく》い爭から、高句麗は、華《はな》やかにも勇ましいその歷史の幕《まく》を閉《と》ぢた。二十八王、七百五年、——百濟が滅びてから八年の後であつた。

三十一、新羅の隱密

高句麗に、惠亮《けいりやう》といふ法師があつた。

ある時、佛法を講ずるために、堂を設《まう》けたが、その席へ、見なれぬ旅僧が一人、毎日のやうに通つて來た。

法師は、その旅僧を一目見たときから、「これは只者《ただもの》でない。」と見破つてゐた。そこで一夜、講會《かうゑ》が終つたあとで、そつと自分の部屋へ呼入れた。

「沙彌《さみ》は、どちらからお出でぢやな。」

法師がさう聞くと、旅僧は、「新羅から――。」と、答へた。

法師は、聲をひそめていつた。

「愚僧《ぐそう》は、この年まで、少しは人にも逢つてをる。そなたの骨格《こつかく》を見るに、尋常《じんじやう》の人ではない。さだめし異心《いしん》を抱《いだ》いてをらうが――。」

法師の見た目に誤《あやまり》はなかつた。この旅僧こそ、名を居柒夫《きよしふ》といつて、高句麗の內情《ないじやう》をさぐるために入込んだ、新羅の隱密《おんみつ》であつた。

「滅相《めつさう》もないこと。御高徳《ごかうとく》を聞いて、教を受けにまゐりました者です。」

居柒夫はしらを切つたが、法師は受けつけず、

「いやいや、さうではあるまい。愚僧、鈍《どん》なりと雖《いへど》も、そこもとの心事《しんじ》ぐらゐは見拔いてゐるつもりぢや。高句麗にも盲《めくら》ばかりはをらぬ。今にも感づかれて捕はれぬ先に、わるくはいはぬ、早々に立歸られるがよい。」

と、諭《さと》すやうにいつた。

居柒夫は、そのうへ隱《かく》し立てもならず、

「恐れ入りました。お言葉に從ひ、すぐにも立戻ることにいたします。」

と、厚く禮をのべて立上つた。

法師は、つけ加へていつた。

「そなたの骨品相貌《こつぴんさうばう》、必ずや、將來《しやうらい》武名を轟《とゞろ》かすであらう。兵を起して、高句麗に攻入るとも、愚僧に害をのこされるな。」

「お言葉までもありませぬ。老師の御恩誼《ごおんぎ》を、どうして忘れませう。」

居柒夫はさう約束して、その夜のうちに、高句麗を離れた。

それから數年の後、果《はた》して居柒夫は、王に仕へて大阿飡《だいあさん》*三七の位に上り、眞興王《しんこう》の十二年、七人の將軍たちと共に、王命《わうめい》を受けて高句麗を攻めることとなつた。

居柒夫は、竹嶺《ちくれい》から高峴《かうけん》に到る間の、十郡を擊ちしたがへて、勢をいよいよ加へたが、この時、惠亮法師は一門の僧徒を引きつれ、路上に出て、居柒夫の通るのを待つた。ほどなく居柒夫が來かかつたが、法師の姿に氣づくと、急《いそ》いで馬を下り、軍禮をもつて法師に對した。

「その昔、御恩誼を蒙《かうむ》り、身命《しんめい》の危きを遁《のが》れることが出來ました。けふ再びめぐり會ひ、心中の感慨《かんがい》、たとふるに言葉もありません。何をもつて、昔日《せきじつ》の御恩誼に報いたものでせうか。」

法師は、その言葉を謝していつた。

「高句麗の滅亡も遠いことではない。願はくば、愚僧を貴國へ伴《ともな》つては下さるまいか。」

法師の申出に、居柒夫は喜んで、

「こちらからお願ひしたいことです。どうぞ、では、さうなすつて下さい。」

と、法師と一門の僧を、新羅へ伴《ともな》つた。

新羅の王室《わうしつ》では、惠亮法師を迎へて僧統《そうとう》*三八の位に進め、宮中に講會を設けて、禮遇《れいぐう》を盡くした。居柒夫は、軍事を司《つかさど》って名を高めたが、七十八の老齢《らうれい》をもつて身を終へた。

三七、大阿湌《だいあさん》　新羅《しらぎ》の五等官。十七等級《とうきふ》の一位を「伊伐湌《いばつさん》」又は「角干《かくかん》」、二位を「伊尺湌《いせきさん》」又は「伊湌《いさん》」、三位を「迎湌《げいさん》」「迎判《げいはん》」又は「蘇判《そはん》」、四位を「波珍湌《はちんさん》」、五位を「大阿湌《だいあさん》」、六位を「阿湌」と稱《とな》へた。以下「一《いっ》吉湌《きっさん》」「沙湌《ささん》」「級伐湌《きふばつさん》」「大奈麻《だいなま》」「奈麻」「大舍《だいしや》」「舍知《しやち》」「吉士《きつし》」「烏知《てうち》」「小烏知」「造位《ざうゐ》」等。

三八、僧統《そうとう》　大僧正《だいそうじやう》。

三十二、元帥金庾信

岩窟の少年

樵夫《きこり》も通らぬといふ深い山中——、その山の岩窟《いはや》に、一人の少年がこもつてゐた。年のころ十六、七。名を金庾信《きんゆしん》といつて、新羅《しらぎ》の眞骨《しんこつ》*三九の血すぢである。

庾信は早くから、花郎《くわらう》*四二に推されてゐたが、眞平王《しんぺい》の二十八年、高句麗《かうくり》や百濟《くだら》・靺鞨《まつかつ》などが、矢つぎばやに新羅の國境を攻めて來たとき、少年ながら庾信の胸には、押へても押へきれ

ない、はげしい怒《いかり》が燃上《もえあが》つた。

「いまに見てゐよ。國の仇《あだ》は、きつとこの庾信が討ちとらずにはおかぬ。」

さう心に誓《ちか》ふと、庾信は齋戒《さいかい》して身を淨《きよ》め、ただ一人で中岳《ちゆうがく》へ上つて、山奥の岩窟《がんくつ》へこもつた。そして祭壇《さいだん》をまつり、ひたすらに誠をかたむけて、天に祈《いの》りつづけた。

「國の仇が、報《むく》はれますやう。どうぞ、まことの勇氣と力をお授《さづ》け下さい。」

飮まず食はず、壇の前に正坐《せいざ》

して、祈りつづけること四日、夢うつつに、一人の老人があらはれて、庾信に言葉をかけた。

「ここは、毒蟲、猛獣《まうじう》の恐るべき地である。少年は一人で何をしてゐるのぢや。」

一目見て、それがただの人でないと知ると、庾信はひれ伏して答へた。

「はい、小人《せうじん》は新羅に生《せい》をうけました者、國の仇を報いたく、ここへ參じました。何卒、憐《あはれみ》を垂《た》れられ、小人の祈《いのり》にお應《こた》へ下さいますやう。」

老人は默然《もくぜん》として語らなかつたが、五度六度、重ねて歎願《たんぐわん》すると、はじめて手をとつて庾信を引起した。

「そなたの志は、天神も照覽《せうらん》したまふ。いかにも祕法《ひはふ》を授けてつかはさう。」

さういつて、つぶさに奥義《おくぎ》を傳へ、「みだりに用ひるな。」と戒《いまし》めて、老人のすがたは見えなくなつた。

次の年、ふたたび庾信は、咽薄山《えんぼざん》へ入つた。そして香《かう》を焚《た》き、祭壇に劍《つるぎ》をそなへて、天の

加護《かご》を祈つた。

三日目の夜、二すぢの星が流れて、岩窟の上に光を垂れたかと思ふと、祭壇の劍が、かすかに動いて、音を立てた。庾信はぬかづいて天に謝《しや》し、その劍をたづさへて山を下りた。

忠誠一貫《ちゆうせいいつくわん》、あるひは百濟を平げ、あるひは高句麗を滅して、つひに三韓を統一《とういつ》し、新羅の總元帥《そうげんすゐ》と仰《あふ》がれて、七十九歳の天壽《てんじゆ》を終へた庾信公の一代には、かうした逸話《いつわ》や傳說《でんせつ》が、數かぎりなく傳はつてゐる。

水の味

眞平王の四十六年秋、新羅は高句麗の大軍と出會ひ、はげしい戰がくりかへされたが、味方は、戰略《せんりやく》を誤《あやま》つたために、さんざんに敗《やぶ》れ、何千といふ手負《ておひ》まで出した。このとき庾信公は、中幢《ちゆうどう》の幢主《どうしゆ》*四〇として戰に加つてゐたが、味方の意氣が弱り、戰ふ勇氣のくじけたのを見ると、大音聲《だいおんじやう》で呼ばはつた。

「われら日ごろより、忠孝をもつて自ら任じた。いまこそ志《こころざし》を果《はた》すときである。」

さういつて、馬にまたがり、劍を拔きかざして、まつしくらに、敵陣へ駈けこんだかと

思ふと、群る敵の中から、大將の首を討ちとつて、引きあげて來た。

それを見て、新羅勢は一どきに奮《ふる》ひ立ち、命を投出して働いたので、たちまちの間に敵の首五千餘りを擧《あ》げ、千數百人を生けどりにした。高句麗軍は、この一戰で娘臂城《ぢやうびじやう》を新羅の手に奪《うば》はれた。

善德《ぜんとく》女王の十三年秋、庾信公は、上將軍《じやうしやうぐん》となつて、百濟の七城を攻め、大勝利を得て、翌年正月凱旋《がいせん》した。戰場から歸つて、まだ王に目通りもせぬうちに、物見の兵が駈込んで來て、「百濟の大軍が押しよせました。」と、告げた。庾信公は驚いて、そのまま馬首を立てなほし、ふたたび出陣して百濟勢を食ひとめ、三月《みつき》の間戰つて、とうとう敵を退散《たいさん》させた。

二度目の戰場からかへつて、王の前にまかり出たところへ、またまた百濟兵が、こんどはべつな方から、國境を攻めて來たと知らされた。庾信公は王命を奉じて、三度目の出陣をした。

軍列は、庾信公の家の前を通つた。家の人たちは、門の外へ出て、せめては一目、公のすがたを見たいと待ちまうけた。

庾信公過門圖　李如星筆

庾信公は、馬の上にあつて、わが家の前を通りながら、つひにふりかへらず、ものの百歩あまりも過ぎたところで馬をとめ、小者《こもの》を走らせて、わが家から一杯の水を汲《く》んで來させた。その水をうまさうに飲干《のみほ》すと、庾信公は入れものをかへしながら、

「水の味に變りはない。やつぱり、もとのままだ。」

といつた。それを聞いて、軍卒は勇み立つた。

「大将でさへ、あの通りだ。妻や子に會へないのを、どうして恨《うら》まう。」

やがて國境に着いたが、百濟勢は庾信の軍勢を見ただけで、戈《ほこ》を返し、自分から退《しりぞ》いていった。

月見の庭

善徳女王が十六年で亡《な》くなられ、つづいて眞徳《しんとく》女王が立たれたが、毗曇《ひどん》といふ大臣は、女王の卽位に不服をいだき、兵を起して反亂《はんらん》をくはだてた。毗曇の一味は、明活城《めいくわつじやう》といふ城にたむろし、王軍は月城《げつじやう》といふのに陣を置いて、およそ十日あまりも對峙《たいじ》したが、この時、流星《りうせい》が、月城のあたりに落ちたので、毗曇は、「得たりや、よし。」と、部下たちにいひふらした。

「星の落つるところ、必ず流血《りうけつ》あり。これこそ正《まさ》しく、女王の敗れる兆《きざし》である。」

それを聞くと、反亂軍は勢ひづいて、わめき立てた。そのひびきが、月城にまで聞えて、手にとるやうである。女王はいたく心配されたが、庾信公は、

「吉凶《きつきよう》に心をわづらはすことはありません。人の取りやうによるのです。德に勝つ妖《えう》が

ありませうや。」

と、氣にもとめなかつた。そして火のついたたいまつを、大凧《おほだこ》に結びつけ、夜になつてから、その凧を空へあげさせた。

「落ちた星が、空へかへつた。」

そんなうはさがひろまると、反亂軍の士卒たちは、大いにどよめいた。そのすきに王軍は八方から攻立て、とうとう毗曇の一味を全滅させたうへ、九族《きうぞく》に至るまで根を枯らした。

ある月のよい晩に、庾信公は、庭へござをひろげて、月見をしてゐた。そこへ高句麗の諜者《てふじや》(隱密《おんみつ》)が捕へられて、庾信公の前に曳《ひ》かれて來た。

公は、諜者の縛《いましめ》を解《と》いてやり、おだやかな言葉でたづねた。

「その方が、新羅で見たものは何か。」

諜者は、答へなかつた。

「恐れるな。ありのままを、いへばよいのだ。」

それでも諜者は、押しだまつてゐた。すると庾信公はいつた。

「新羅の國王、上《かみ》は天意に背《そむ》かず、下《しも》にあはれみを忘れず、民は喜びはげんで、いづれも生業《せいげふ》を樂しんでゐる。汝《なんぢ》も見たであらう。歸つたら、その見たままを、汝の國王に告げるがよい。」

そして咎《とが》めずに、その諜者を放してやつた。高句麗では、歸つて來た諜者から、それを聞いて、小國ながら、新羅の侮《あなど》れぬことを知り、たがひに恐れ、戒《いまし》めた。

王と臣下

唐と力を合はせて、高句麗を滅したのは、文武王の八年であつた。王は、親征《しんせい》から歸られると、庾信公一門の、三代にわたる勳功《くんこう》を賞《しやう》して、新羅最高の位、「太大角干《たいだいかくかん》」を授け、輿《よ》杖《ぢやう》（宮中杖）を賜《たま》はつた。また宮室への出入にも、禮を省《はぶ》かしめた。

十三年夏、庾信公の臨終《りんじゆう》に先立つて、王は親《した》しく病室に臨み、慰問《ゐもん》を賜はつた。

「犬馬《けんば》の病《やまひ》ここに至り、今日より後、ふたたび龍顔《りゆうがん》に見《まみ》ゆることも叶《かな》ひませぬ。」

庾信公の言葉に、王は涙を流されて、

「朕《ちん》が卿《きやう》を失ふことは、魚が水を離れることである。卿の亡《な》きあと、何をもつて、民を

育《はぐく》み、いかにして、國を守らうぞ。」

と、歎《なげ》かれた。公は重ねて申し上げた。

「不肖《ふせう》の臣を疑《うたが》ひたまはず、聖明《せいめい》の用ふるところとなつて、寸尺《すんせき》の功を得ることが出來ました。三韓《さんかん》一つに合はされ、民に二心なく、太平とは申されませねど、まづは國の礎《いしずゑ》も定まつたやうでございます。小臣、古《いにしへ》よりの國家の興亡《こうばう》を見まするに、始あつて、終あるもの少く、累代《るゐだい》の功業を一朝にして失ふこと、まことに惜《を》しむ

午《うま》石《いし》　金庾信公墓《はか》の十二支神像彫刻《てうこく》の一。（慶州）

べきでございます。伏して願はくば、殿下、功を成すことの易からざるを知り、功を守ることの難《かた》きを念《おも》はれて、小人《せうじん》を遠ざけ、君子を親近《しんきん》されますやう、朝廷上に和《やは》らぎ、人心下に安らかに、禍《わざわひ》起らず、驕《おごり》を戒《いまし》めて、幾久しく榮《さか》えますならば、小臣死すといへども、憾《うら》むところはございませぬ。」

王は、泣いて庾信公の言葉を受けられたが、それから間もなく庾信公は、勳《いさをし》にかがやく七十九歳の生涯《しやうがい》を閉《と》ぢた。新羅の上下が、ひとしく哀哭《あいこく》して悲しんだが、王は、錦《にしき》の袖を涙にぬらされ、綾帛《あやぎぬ》一千疋《びき》、軍樂《ぐんがく》百名を、喪儀《さうぎ》に賜《たま》はつた。また、司《つかさ》に命じて碑《ひ》を建《た》てさせ、一代の偉《ゐ》功《こう》を後世にあまねからしめた。

三九、眞骨《しんこつ》　貴族《きぞく》のこと。新羅《しらぎ》では第二十二代智《ち》證王《しようわう》までを上古《じやうこ》といひ、二十八代眞德女王までの六代を聖骨《せいこつ》といひ、二十九代以下を眞骨と稱《とな》へた。五等官以上の位は、聖骨、眞骨にかぎつて授《さづ》けられた。

四〇、幢主《どうしゆ》　隊長《たいちやう》のこと。

三十三、死後れの恥

百濟《くだら》を滅したときも、また高句麗《かうくり》を平げたときでも、新羅と唐は力を合はせた。もともと

新羅と唐は、仲のよい間柄であつた。

それが二つの國を滅した後《あと》では、今までのやうに、うまくゆかなくなつた。唐は、「百濟や高句麗を討つたのは自分たちだから、それはこつちの領土だ。」といひ、新羅は新羅で、「どういたしまして。もともと、これは一つの國ですよ。」と、一歩もゆづらない。とうとうそのために、新羅と唐の間には、深いみぞが出來て、つひに一戰を交すことになつた。

唐軍は、靺鞨《まつかつ》兵と一緒になつて、石門《せきもん》の野に陣を布《し》き、新羅軍は、帯方《たいはう》に本陣を置いて戰に入つた。ところが、もう一つべつな方に陣を設《まう》けた新羅側の長槍組《ちやうさうぐみ》が、奇功をあらはして、唐兵三千あまりを撃退《げきたい》したことから、他の陣はすつかり力がゆるんで、

「どうせ恩賞《おんしやう》は、長槍組のものだ。手柄を立てたところで、骨折り損だよ。」

と、半分は軍《いくさ》を投げた形になつた。そのすきに乗つて、にはかに唐軍が押しよせたからたまらない。味方はもろくも敗れ、義文《ぎぶん》・曉川《げうせん》などといふ新羅の大將まで、あへなく戰死を遂げた。

庾信公《ゆしんこう》の次男で、文武王に仕へてゐた元述《げんじゆつ》が、このとき幢主《どうしゆ》*四〇として、戰に加つてゐた。

味方の敗れたのを知つて、元述は、潔《いさぎよ》く敵の中に駈入《かけい》り、討死をしようとしたが、部下の淡陵《たんりよう》といふ者が、必死《ひつし》になつて引きとめ、「犬死をして果てるよりも、生残つてこの仇《あだ》を報《むく》いて下さい。」と、馬のくつわに取りすがつて、離さなかつたために、とうとう死ねずに生きて戻つた。

唐軍が引上げた後で、戦の後始末《あとしまつ》を、王様がおたづねになつたとき、庾信公は奉答《ほうたふ》した。

「唐人は油断がなりません。よろしく将卒を督勵《とくれい》して、要害《えうがい》を守るべきです。ただ元述は、王命をはづかしめたばかりでなく、家訓《かくん》にそむいて、おめおめと、生恥《いきはぢ》をさらしました。これは斬らねばなりません。」

王様は、しかし、「元述ひとりに重罰《ぢゆうばつ》を下すことはない。」と、お取りあげにならなかつた。

元述は、心から愧《は》ぢて、父に見《まみ》えずに、山里《やまざと》へかくれたが、庾信公の亡くなつたあとで、母親のもとをおとづれた。

「元述でございます。不孝をお詫《わ》びしたく、お目通りを願ひにまゐりました。」

取次《とりつぎ》のものを通して、元述はさう告げたが、母は許さなかつた。

「女には三従《さんじゆう》*四一の禮があります。寡婦《やもめ》となつた今では、子に従ふのがほんたうですが、そな

たは、父に對して、すでに子となれなかつた。いまさらわたしが、どうして母となれるでせう。」

その返事を聞くと、元述は、聲をあげて泣伏し、長いこと邸《やしき》の前を離れなかつた。そして、「せめて一目、おすがたなりとも――。」と哀願《あいぐわん》したが、とうとう最後まで、母に會ふことは出來なかつた。

元述は、部下のために誤《あやま》られて、死場所を失つたことを、いまさらのやうに後悔《こうくわい》しながら、泣く泣く大伯山《たいはくざん》に歸つたが、それから何年かの後、またもや唐兵が、新羅の買蘇川《ばいそせん》城《じやう》を襲《おそ》つたとき、日ごろの恥を雪《そそ》ぐのはこの時と、單身《たんしん》敵陣に飛びこみ、思ひきり斬りまくつて、大手柄を立てた。

朝廷では、元述の功名を知つて、王樣のもとへ、ふたたび仕へさせようとしたが、元述はお受けしなかつた。

「父母にさへ、容《い》れられなかつたのです。どうして王の臣下となれませう。」

さういつて、とうとう一生を山の中で終へた。

四一、三従《さんじゆう》の禮《れい》　幼にしては父母に従ひ、嫁《か》しては夫に従ひ、老いては子に従ふ。

三十四、陰陽師と鼠

庾《ゆ》信公《しんこう》は十八の時、花郎《くわらう》*四二から國仙《こくせん》*四二に進み、今までよりも、もつと大勢の郎徒《らうと》をひきゐるやうになつた。郎徒の中に白石《はくせき》といふものがあつたが、どこの誰とも素性《すじやう》を知る人がなかつた。その白石があるとき、庾信公のそばへ來てささやいた。

「高句麗を平げるためには、まづその國のやうすを、知らねばなりません。前に一度旅をしたことがありますから、私にも、道案内ぐらゐは、出來ると思ひます。如何《いかが》でせう、御自分で高句麗へ、こつそり乘込んで見られては——。」

かねてより、高句麗・百濟を平げようといふ志が、庾信公の胸にあることを、白石は見抜いてゐた。白石から、さうすすめられると、庾信公は一も二もなく同意《どうい》した。

「それは、よいところへ氣がついた。では、さつそく高句麗を見て來ることにしよう。」

そこで、白石一人をつれて、庾信公は高句麗へ旅立つた。

途中、滑火川《こつくわせん》といふ土地で泊《とま》ることになつたが、庾信公の夢まくらに、三人の娘があらはれて、

「われらは神靈《しんれい》の使である。公は敵國の者にいざなはれて、いま危地《きち》に入らうとしてゐる。心して禍《わざはひ》に落ちるな。」

と、警《いまし》めたかと思ふと、目が覺《さ》めた。

庾信公は、そんな夢のことなど、おくびにも出さず、急に思ひ出したやうに、

「しまつた。大事な用を一つ忘れて來た。これは一度、引きかへさねばならぬ。」

と、白石をうながして、一緒にまた、都へ歸つて來た。

そのうへで、白石を縛《しば》り上げ、嚴《きび》しい吟味《ぎんみ》にかけた。

果して白石は、高句麗王の旨《むね》を受けて、庾信公をおびきよせに來た間者《かんじや》であつた。

高句麗の國境《くにざかひ》にある河が、いつからか逆《さかさ》に流れ

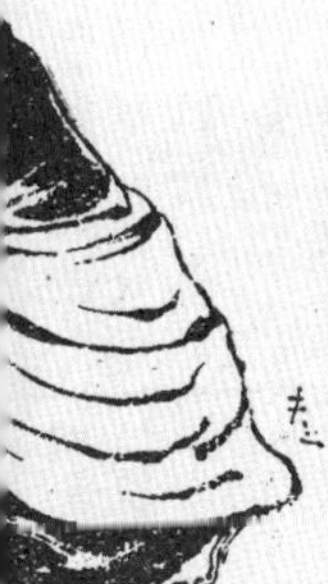

るやうになつた。王は、不思議に思ひ、そのころ高句麗で名高い、楸南《しろなん》といふ陰陽師《おんやうじ》を召して占を立てさせた。

楸南がいふには、

「これはお妃《きさき》さまが、天理に悖《もと》つて、王様の上に立たうとなさるからです。お改めにならねば河の流は、もとのやうになりませぬ。」

それを聞くと、妃は怒つて、

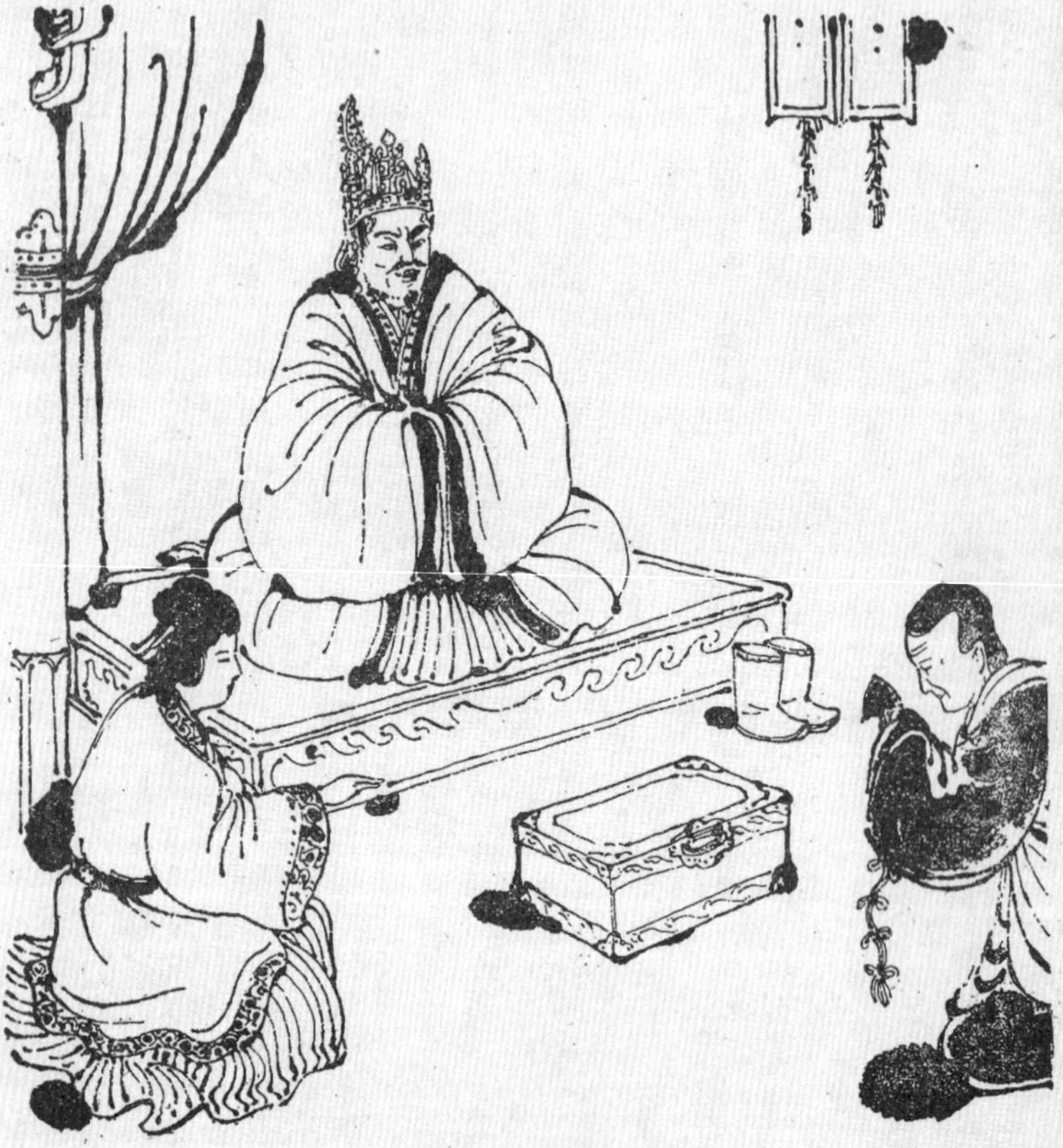

「世の中を惑《まど》はすえせ陰陽師を、すぐにも獄門《ごくもん》にかけるがよい。」

と、大變な權《けん》まくである。王はそれをなだめて、

「いやいや、楸南は世に聞えた男。よもや僞《いつはり》は申すまい。したが、いま一度試みてみよう。もし誤《あやま》れば、そのときこそ重罪《ぢゆうざい》を下しても遲《おそ》くはない。」

そこで楸南の前に、一つの箱が運ばれた。「その中にあるものは何か。」――さう問はれて楸南は、王の前で占を立てた。

「はい、正しく鼠に相違ありませぬ。それも八匹でございます。」

ところが箱にあるのは、鼠は鼠でも、ただ一匹である。楸南は占を誤つたかどで、つひに首を打たれることになつた。

刑場《けいぢやう》に曳《ひ》かれて、今まさに刃《やいば》が落ちようといふとき、楸南は王宮の方をにらんで、

「いま一度生まれかはり、將《しやう》となつて、高句麗を滅さずにおくまいぞ。」

と、誓《ちか》ふやうにいつた、
楸南のお仕置《しおき》がすんだあとで、王は念のために、鼠の腹を割《さ》かせてみた。するとは果せるかな、腹の中から七匹の仔《こ》鼠が出て來た。

王は驚いて、早まつたことをしたと、悔《くや》んだが、もう間に合はなかつた。その夜、王は、楸南が新羅へ行つて、舒玄公《じよげんこう》の夫人の懐《ふところ》に入る夢を見た。舒玄公は、庾信公の父である。

「そんなわけで、高句麗ではあなたさまを楸南の生まれかはりといつてゐるのです。楸南が死の間ぎはにいつた言葉は、きつといまに果されるにちがひないと、それで高句麗へ誘《さそ》ひ、お命をいただくために、わたくしがつかはされたのでございます。」

白石は、さう物語つて、刃《やいば》に伏した。

四二、花郎《くわらう》・國仙《こくせん》　新羅名門の子弟から擇《えら》び、王様が親しく授ける役目。八〇ページ参照。

三十五、天官寺

新羅の都慶州《けいしう》には、今でも天官寺《てんくわんじ》の跡《あと》が殘つてゐる。その天官寺については、かういふ逸話《いつわ》が傳はつてゐる。

庾信公のまだ若いころ、都でも嬌名《けうめい》をうたはれた一人の妓女《うたひめ》があつた。公は、いつとはなしに、その妓女と親《した》しんで、足しげく、その家をたづねるやうになつた。

やがてこれが、公の母親に知れた。母親はある日、公を呼びつけて、涙ながらに諭《さと》した。

「そなたは、王樣の右腕、新羅の國の柱です。そのやうな重い務《つとめ》を持ちながら、浮かれ女《め》に心を奪《うば》はれるとは、何ごとですか。母は情《なさけ》なくて、涙も出ません。」

庾信公は、始めて目が覺《さ》めて、今までの不心得を詫《わ》び、「二度と足ぶみをしません。」と、母の前に誓《ちか》つた。

ある日のこと、庾信公は、外出先から、いつものやうに馬に乘つて、吾が家へ向かつた。馬の背にゐる庾信公は、何か思案《しあん》にふけつてゐた。

すると、ある家の前で、馬はぴたりと止つて、動かなくなつた。見れば、それは久しくたづねなかつた妓女の門口《かどぐち》である。いつもここへ來る時、庾信公は馬に乘つてゐた。その馬は、ひとりでに道を覺えてゐて、けふも、その門口へ主人を下さうとしたのである。

庾信公は馬を下ると、なに思つたか、腰の劍を拔いて、ただ一刀に馬の背を斬下げた。そしてあとをも見ずに、すたすたと歩いて、わが家へ歸つて行つた。

あとでそれを知つて、妓女は悲しみなげき、はては世をはかなんで、自分から首をくびつて死んだ。

庾信公も、さすがに憐《あはれ》にたへず、いよいよ高い身分になつたとき、妓女の屋敷跡へ寺を建てて、その菩提《ぼだい》を弔《とむら》つた。妓女の名を天官といつた。それで寺の名を天官寺と稱《とな》へた。

三十六、萬波息笛

新羅《しらぎ》の神文《しんぶん》王が、感恩寺《かんおんじ》へ幸《みゆき》されたとき、いままで、ついぞ見なかつた島が一つ、海の上にあらはれて、人々を驚かした。王様は利見臺《りけんだい》といふのに登られて、その島をごらんになり、使の者をやつて、島の様子をくはしくしらべて來るやうに、いひつけられた。

やがて使が立ちもどつて、王様に申し上げた。

「小さな、龜《かめ》の形によく似た島でございました。竹が二本生えてをりますばかりで、ほかには何一つございません。」

その夜、王様は感恩寺に一夜を過されたが、翌る日の晝頃になると、にはかに、天地も

くづれよと、雷鳴《らいめい》が轟《とどろ》き、雨風が吹きつのつて、七日間もそれがつづいた。それと一緒に、島にある二本の竹が、一つに合はさつた。

八日目にやうやく空が晴れ、波も靜かになつたので、王樣は、「なにか、きつとわけがあるにちがひない。」と御自分から船を浮かべて、島へ

近づかれた。すると、その時、海の中から一頭の龍が現れて、王様の前に、うやうやしく頭《かしら》を垂《た》れながらお迎へした。

王様は、龍にたづねられた。

「この島の竹が、はじめ二本と見えたのに、一つに合はさつたのは、どういふわけか。」

龍の答へていふには、

「たとへば、手のひらのやうなものでございます。片手づつに別れては音を立てず、兩手が合つてはじめて鳴るのです。この竹も、二つが合はねば、音を出しません。大王が、樂《がく》をもづて天下をお治めになる兆《しるし》でございます。この竹をお取りになつて、笛《ふえ》をお作り下さい。その笛一つが、まこと天下の平和《へいわ》をもたらすことでございませう。」

王様は大層よろこばれて、龍に禮をのべられ、あとから改めて勅使《ちよくし》をさし向けて、その竹を伐《き》らせたうへ、都へお還《かへ》りになつた。

さて、その竹で王様は、笛づくりに、笛を仕立てさせた。やがて一管《いつくわん》の、みごとな笛が出來上り、王様のお手もとへをさめられた。

その音色の美しいこと、——一度その笛を吹くと、どんな悲しみも、たちどころに癒《い》や

され、人々の心には、新しいのぞみ、よろこびが湧《わ》いて來た。

軍《いくさ》のはじまつたときや、疫病《えきびやう》のときも、この笛一つで世の中が鎭《しづ》まつた。いひでりが長くつゞいたとき、一度この笛を吹くと、雨が忽ち降りそそいだ。また長雨で人民の苦しむときも、笛の音がそれを救《すく》つた。

よきにつけ、惡しきにつけ、この笛は、國にとつて無くてならない大事な寶《たから》となつた。よろづの波を鎭め息《いこ》はす、――さうした意味《いみ》から、笛の名は「萬波息笛《ばんぱそくてき》」とつけられた。

そしてこの笛は、王城の天尊庫《てんそんこ》といふ寶物《はうもつ》の庫《くら》に大切にしまはれて、國の禍《わざはひ》のあるたびに取出された。

それからは、王樣が竹を得られた海邊を、萬波汀《ばんぱてい》と呼ぶやうになつた。ふしぎな島は、王樣が都へ還られると一緒に、かき消すやうに見えなくなつてゐた。

三十七、ふしぎな珠

新羅元聖《げんせい》王の時、宮中に釋智海《しやくちかい》といふ名高い禪師《ぜんじ》を召して、五十日の間、華嚴經《けごんきやう》を誦《じゆ》

することになつた。

智海禪師は皇龍寺《くわうりゆうじ》の師僧《しそう》で、他に大勢のお坊さんたちがついて來たが、その中に妙正《めうせい》といふ、得度《とくど》をすましたばかりの、若い僧が加つてゐた。

妙正はまだ若いので、法會《ほふゑ》の席には出されず、宮中のお臺所へまはされて、お鉢を洗ふ手つだひをした。金光井《こんぐわうせゐ》といふ井戸があつて、いつも、その井戸のそばで鉢を洗つたが、井戸の中には、年とつた大きなすつぽんがゐて、いつか妙正は、このすつぽんと仲よしになつた。

お鉢の底に御飯の食べ殘しがあると、妙正は、それを井戸に投込んでやつた。すつぽんもなついて、妙正の足音がすると、水のうへに浮上つて來て、飯つぶをねだるやうになつた。

いつか四十日あまりが過ぎた。妙正はある日、井戸ばたで鉢を洗ひながら、すつぽんにこんなじようだんをいつた。

「そろそろ、お前ともお別れだよ。毎日ごちそうをしたが、なんぞ、よいお禮でもくれるかね。」

それから間もなく、法會も無事にすんで、皇龍寺の僧たちは、宮中を引きあげることになつた。いよいよ、けふかぎりといふ日に、妙正が、井戸ばたへ出て來ると、すつぽんもポカリと浮上つて來た。そして、口の中から小さな珠《たま》を一つ吐出《はきだ》して、妙正に受取れといふやうなしぐさをして見せた。

「おやおや、ほんたうに禮をくれるかね。これはありがたう。もらつておくよ。」

妙正は、さういつて、その珠を受取ると、帶《おび》のはしに結びつけておいた。

いざ、おいとまといふ時、王樣は、妙正にお目をとめられた。

「あの沙彌《さみ》を近くへ呼べ。」

さう仰《おほ》せられて、名前や年をおたづねになつたうへ、とうとう宮中に、妙正だけとどめ置かれることになつた。

王樣は妙正を愛されて、片時もおそばから離されなかつた。妙正は誰からも好《す》かれた。

それからしばらくして、唐の國へ使者が送られることになつた。その使者も、日頃から妙正を可愛がつてゐたが、唐の國へ、ぜひ一緒に連れて行きたいと、王樣にお願ひして、とうとうお許しを受けた。

都を立って、旅を重ねたうへ、使者の一行は、唐へ着いた。

すると、唐の王様も、一目見たときから妙正を寵愛《ちようあい》し、ほかの臣下たちも、「妙正どの。」「妙正どの。」と大事《だいじ》がつた。

宮中にゐる人相見《にんさうみ》が、妙正を見ていつた。

「こなたには、一つとして人に愛される吉相《きつさう》がない。それでゐて、皆から敬愛《けいあい》されるのは、これはきつと、何か不思議な寶を、身につけてゐるからでせう。」

しらべて見ると、果して帶ひものはしに、珠をつけてゐることがわかつた。

唐の王様は、この珠を見ると、驚いて、

「朕《ちん》には、四つの如意珠《によいじゆ》があつた。前年そのうちの一つを失つたが、この珠こそ、正しくそれに相違ない。」

とて、妙正に、その珠の出どころをただした。妙正は、くはしいわけをのべたが、日をかぞへると、すつぽんから珠をもらつた日と、唐の王様が珠をなくされた日と、ピタリと合つてゐた。妙正は、改めてその珠を、唐の王様に返上《へんじやう》した。すると、もうそれからは、誰も妙正を可愛がる者が無いやうになつた。

三十八、鸚鵡

新羅《しらぎ》の興徳《こうとく》王が位について間もなく、唐から歸つて來た使者が、一つがひの鸚鵡《あうむ》を王に獻上《けんじやう》した。

はじめて見るめづらしい鳥に、王様も喜ばれて、お側《そば》に飼《か》ふこととなつたが、いくらもたたぬうちに、めすの方が死んでしまつた。

鳥籠《とりかご》の中には、をす一羽となつたが、そのをすは、悲しいこゑで鳴き立てながら、ろくろく餌《ゑさ》も食べなかつた。鳥ながら哀《あはれ》にたへないので、王様はお側の者にいひつけて、籠の中へかがみを一枚つるさせた。

をすは、かがみにうつる姿《すがた》を見て、はじめは大喜びに喜んだが、くちばしで幾度もつついてゐるうちに、それが自分の影だとわかると、一層悲しげに鳴き立てた。

間もなく、めすのあとを追つて、をすも死んだ。

王様は、いたく憐《あはれ》み、自ら一首の歌を詠《よ》んで、鸚鵡の靈《れい》をなぐさめられた。

その年の冬、王様のお妃《きさき》は、ふとした病から亡《な》くなられた。王様は大層お歎《なげ》きになつて、朝夕の供養《くやう》を怠らず、大勢の後宮《こうきゆう》にも、絶《た》えてお近づきにならなかつた。お側の臣下たちが、さまざま心をくだいて、新にお妃をお迎へするやう、王様にお願ひした。

けれども王様は、お聞入れにならなかつた。

「鳥でさへも歎き悲しんで、つひには命を斷《た》つたではないか。まして、よい配遇《はいぐう》を喪《うしな》つた者が、どうして再び娶《めと》られよう。」

さう仰《おほ》せられて、とうとうお亡くなりになるまで、お一人《ひとり》でゐられた。

三十九、清海鎭の弓福

弓福《きゆうふく》は新羅の人で、武藝《ぶげい》の達人といはれたが、とりわけ槍《やり》を扱《しご》いては、敵《かな》う者がなかつた。

新羅の人でありながら、弓福は早くから唐へ渡つて、徐州《じよしう》の武寧軍少將《ぶねいぐんせうしやう》になつてゐた。

その頃、唐の國では、新羅へ船が往來するたびに、貧《まづ》しい民家の女子供を買つて來ては、奴隷《どれい》とする惡習《あくしふ》が絶えなかつた。

唐と新羅の交通は、いよいよ頻繁《ひんぱん》になり、それにつれて、奴隷に賣られて來る新羅の人も、一年に何千人と數へるほどになつた。

弓福は、唐の祿《ろく》を食《は》んでこそをれ、新羅の人が唐人の奴隷となつて、卑《いや》しめられるのを見ると、腹が立つてならなかつた。そればかりではない。海上に關所《せきしよ》のないのをよいことにして、唐の船は、密貿易《みつぼうえき》や、その他いろいろと、よくないことを平氣《へいき》でやつてゐた。

弓福は、とうとう少將の役目を返上して、新羅へ歸つて來た。そして王樣にお目通りをゆるされると、唐の國で見たことをいろいろと申し上げ、清海《せいかい》に鎭臺《ちんだい》を設《まう》けられるやうに進言《しんげん》した。

時の興徳王は、かねてから、弓福の武名を知つてゐられた。それで、快《こころよ》くその申出をお許しになり、一萬の兵を與へて、弓福を鎭臺の長《をさ》に任命《にんめい》された。

清海といふのは、いまの全南莞島《ぜんなんくわんたう》である。そこへ鎭臺が設けられ、弓福が守るやうになつてから、唐の人買や密貿易が後《あと》を絶つやうになり、日増しに弓福の威嚴《ゐげん》も高まつた。

かうして、七年が過ぎた。

興徳王が、卽位《そくゐ》十一年の冬、お亡《な》くなりになると、都では王位の奪《うば》ひあひから、大騷動《おほさうどう》が持上つた。

王樣の弟君にあたる均貞《きんてい》を立てようとする者と、大臣憲貞《けんてい》の子、悌隆《ていりゆう》を位に卽《つ》かせようとする者が、二手に別れて爭ひあひ、宮廷の中に、弓矢が入亂れるといふ騷になつた。あげくの果《はて》に、均貞は殺害《せつがい》され、均貞を立てようとした金陽《きんやう》は、矢に傷《きず》ついて命からがら遁《のが》れた。そして、悌隆が王の位を襲《おそ》うことになつた。これが僖《き》康《かう》王である。

害に遇《あ》つた均貞には、祐徵《いうちよう》といふ跡取《あととり》があつた。この人は、亡くなられた前の王樣の時、お側《そば》に仕へて侍中《じちゆう》となつてゐたが、父の均貞が殺害されると、身に危難《きなん》の及ぶのを恐れて、妻子と一緒に、海路を淸海に落ちのび、弓福のもとへ身を隱《かく》すことになつた。

かうして、二年たつかたたぬ間に、又もや宮中では、亂《らん》が起つた。僖康王を立てて位に上らせた金明《きんめい》や利《り》弘《こう》たちが、こんどは、その僖康王を弑《しい》した。そして、金明が自分で位を嗣《つ》ぎ、閔哀《びんあい》王となつた。

この騷が、やつと落ちついたころ、清海鎭にゐる祐徵のところへ、金陽がたづねて來た。金陽は、均貞を立てようとして失敗《しつぱい》したので、その子の祐徵を、こんどは王の位に卽かせようと考へた。

金明が、僖康王を弑して、自分から位に卽いたことを話し、今こそ起上《たちあが》る絕好《ぜつかう》の時であると、金陽は祐徵にすすめた。祐徵も大いに心が動いたが、無手《むて》ではどうすることも出來ない。そこで弓福に打明け、父の仇《あだ》を報《むく》いたいからとて、兵を貸すやうに、たのみ入つた。

弓福は、二つ返事で承知《しようち》し、五千の兵を分けることに、約束が出來た。

さて、兵の指揮者《しきしや》には誰がなるか、と、それを心配してゐるところへ、折よく徐州からはるばる訪《おとず》れて來た人があつた。

鄭年《ていねん》といつて、もとは、やはり新羅の人であるが、弓福が徐州にゐる頃、同じ兵營《へいえい》の少將を勤《つと》め、互に兄弟の誼《よしみ》を重ねた仲であつた。

鄭年は、弓福に劣《おと》らぬほどの武藝者で、そのうへ、水練《すゐれん》に名があり、よく海底五里を行くといはれた。年が三つ四つ下だといふので、弓福を「兄」と呼んでゐた。

弓福が新羅に歸つた後も、鄭年は徐州へ殘つてゐたが、それから殆《ほとん》ど十年ぶりの再會《さいくわい》である。鄭年は、ふとしたことから地位を失つて、暮しにも困るやうになつたので、弓福をたよつて、清海にやつて來たのであつた。

弓福は、心から喜んで、鄭年を迎へると、宴席《えんせき》を設けて、賑《にぎ》やかにもてなした。その席で盞《さかづき》をすすめながら、弓福は鄭年の手をとつていつた。

「君が來てくれたのは、天の意《こころ》かも知れない。じつは、どうしても君でなくてはならないといふ大事があるのだ。引受けてくれるかね。」

「どんなことです。そんなに改まらなくても、兄さんの仰《おほ》せなら、なんでもいたします。おつしやつて下さい。」

「さうか、それはありがたい。じつは、かういふわけなのだ——。」

弓福は、今日までの王位爭ひを、かいつまんで聞かせたうへ、祐徵のために五千の兵の指揮者《しきしや》となつて、一働きしてもらひたい、といふことを話した。鄭年は、

「御安心なさい。そんなことでしたら、わけはありません。お引受けしますよ。」

と、潔《いさぎよ》い返事をした。

弓福は、いよいよ喜んで、改めて祐徵や、金陽にも引きあはせた。間もなく五千の軍卒をひきつれて、鄭年は都に向かふことになつた。

閔哀王は、鄭年の指揮する兵が、武州の鐵冶縣《てつやけん》といふところへさしかかつたと聞いて、兵を出して撃《う》たせたが敗《やぶ》れ、翌年の正月、とうとう鄭年の兵を都へ入れることになつて、間もなく王は捕へられ、その場で果敢《はか》ない最期《さいご》を遂《と》げた。

つひに祐徵が位を承《う》けて、神武《じんむ》王となつたが、神武王は弓福の功勞を嘉賞《かしやう》して、食邑《しよくいふ》二千戶を賜《たま》ひ、「感義軍使《かんぎぐんし》」の名譽を授《さづ》けて、厚《あつ》くねぎらつた。

ところが、わづか一年足らずで、神武王は病に薨《こう》じ、太子の慶膺《けいよう》が王位をついで文聖《ぶんせい》王となられた。文聖王も弓福の功勞を忘れず、「鎭海將軍」に位を進め、章服《しやうふく》*四三まで下賜《かし》された。

それから七年して、王は弓福の娘を容《い》れて、次妃《じき》に立てようとなさつた。

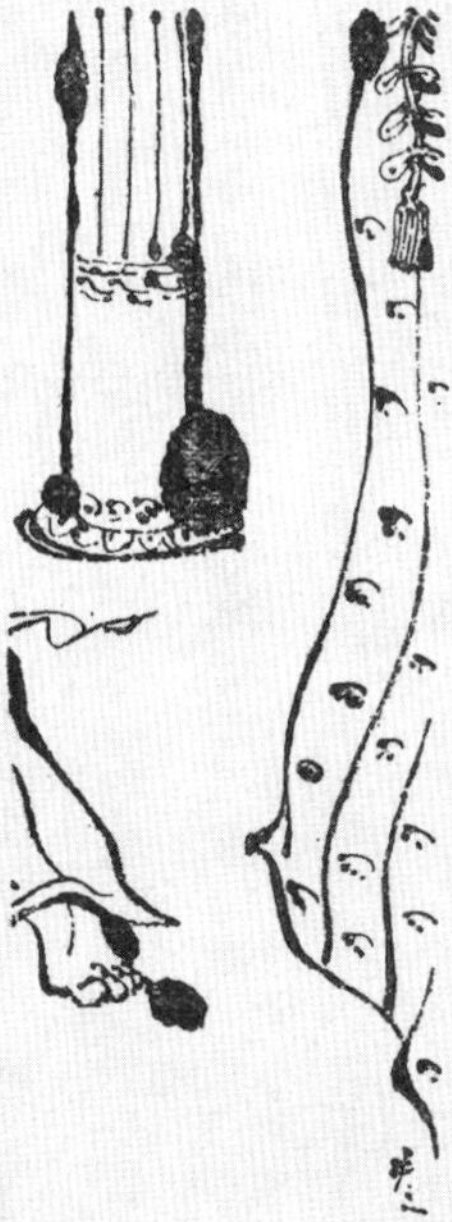

これは、弓福から、お願ひしたことであるが、王の側近《そくきん》にゐる臣下たちが、

「島育《そだ》ちの女を、宮中に入れるなど、もつてのほかです。」

と、反對《はんたい》したので、王もつひに思ひとどまつた。そんなことから弓福は、王室を怨《うら》むやうになつた。

都の方では、弓福がいまにも清海の軍兵をつれて、都に攻上るのではないかとビクビクし出した。いつそのこと、先に攻討つて、弓福を滅した方がよからうと、朝廷では、よりより、その手筈を打合はせたりしたが、弓福の勢を恐れて、おいそれとは手が出せなかつた。

その時、武州の男で、閻長《えんちやう》といふ者が名乗を上げ、「一人の兵も連れず、無手《むて》で弓福の首を取つて見せます。」と請合《うけあ》つたので、とも角もその閻長なる者を、清海へ乗込ませた。閻長は、單身《たんしん》清海へ行つて、弓福を訪《おとづ》れた。弓福は壯士《さうし》を愛する心から、少しも疑はず、酒を出して閻長をもてなした。そのうち、醉《よ》ひのまはつたころを見計つて、閻長は、やにはに弓福の刀を拔取り、目にも止らぬ早業《はやわざ》で、ただ一刀の下《もと》に、弓福の首を打ちおとした。唐と新羅の關所《せきしよ》に在つて、武名をとどろかした弓福も、その最期は、このやうに果敢なかつた。鄭年がそれからどうなつたかは、史記《しき》にも記《しる》されてゐない。

四三、章服《しやうふく》　誰それと一目でわかるやうに、紋や、特別の記號をぬひとりした服裝《ふくさう》。

四十、膺廉の三美

新羅四十八代の景文《けいぶん》王は、もと膺廉《ようれん》といつて、十八の時、花郎《くわらう》*四二から國仙《こくせん》*四二となつた一人である。國仙となると膺廉は、郎徒《らうと》をつれて旅に出た。二年たつて歸つたとき、時の憲安《けんあん》王

は、膺廉を迎《むか》へるため、宮中に宴會《ゑんくわい》を催《もよほ》された。

その席《せき》で、王様はおたづねになつた。

「郎《らう》は、四方を遊歷《いうれき》して、さだめし見聞《けんもん》をひろめたことであらう。なんぞ、よい土産話《みやげばなし》はないか。」

膺廉は、恭《うやうや》しくお答へした。

「およそ、三つの美を見受けましてございます。」

「その三つとは何か。聞かせてみよ。」

重ねてのお言葉に膺廉は、ゐずまひを正して、申し上げた。

「はい。人の頭《かしら》に立つ者、へりくだつて人の下に身をおきました。これが、一つでございます。また、豐《ゆたか》な身の上でありながら、つましく、質素《しつそ》な身なりをした者がありました。これが、二つでございます。あるところでは、もと貴い身分の者が、威《ゐ》を用ひず、德をもつて人に臨むのを見受けました。これが、その三つでございます。」

王様は、膺廉の手をとり、涙をうかべられて、

「よくぞ申した。郎こそは、賢德《けんとく》備《そなは》れりといふべきである。」

と、仰《おほ》せられ、二人の姫《ひめ》のうち、どちらかを、望にまかせて娶《めと》らせようとの、お言葉であつた。

膺廉は、畏《おそ》れかしこんで席を退《さ》がると、家に歸つて、兩親にそのことを告げた。兩親は喜んで、

「それでは、二番目の姫を望んだがよい。」

といつた。二人の姫のうち、いゝめ形《かたち》の優《すぐ》れて美しいのは、妹君の方であつた。

膺廉は、父母の言葉に從つて、次の姫を望まうとした。その時、膺廉の郎徒頭《がしら》に範教師《はんけうし》といふ者があつて、それが、「もつてのほか。」とばかり反對《はんたい》した。

「お考へちがひといふものです。ぜひ上のお姫さまを、娶られるやうになさい。さうしたらきつといまに、三つよいことがあります。」

範教師の考へぶかさには、かねてより、膺廉も一目《いちもく》をおいてゐた。そこでその意見《いけん》通り、王樣から二度目のおたづねがあつた時、「上の姫を。」と、お答へ申し上げた。

めでたい婚禮《こんれい》がすんで、ほどなく王樣は御病氣で亡《な》くなられた。王樣には、跡《あと》を嗣《つ》ぐ太子が無かつた。それで御遺言《ごゆゐごん》により、上の姫の婿《むこ》である膺廉が位を襲《おそ》ひ、景文《けいぶん》王となられた。

即位《そくゐ》のあとで、範教師が王の前に出て、申し上げた。

「三つのよいことが、みな現れました。上の姫を娶られたために、位に即《つ》かれたこと、お美しい妹君も、今は次妃《じき》となられたこと。なほ一つは、姉君を望まれたために、亡くなられた王様が、どんなに御安心なさつたことか知れません。これがその三つでございます。」

景文王は、範教師の言葉を嘉《よみ》せられて、爵《しやく》を賜《たま》はり、いよいよ信任《しんにん》を厚くされた。

四十一、新羅の末路

眞聖女王

新羅《しらぎ》の盛な頃は、十七萬九千戸《こ》ある都の中で、ただの一軒、草葺家《くさぶきや》がないといはれた。見上げるばかりの高い石垣《いしがき》、反《そり》を打たせて建ちならぶ寺院の甍《いらか》——、青塗《あをぬり》・丹塗《にぬり》の圓柱《ゑんちゆう》はあかねの空に映《は》えて、さながら新羅萬代《ばんだい》をことほぐかに見えた。

その新羅にも、つひに滅びる日が來た。

兄弟の爭から、一朝《いつてう》にして國を失つた高句麗を、怪我《けが》で命をおとした人に喩《たと》へるなら、

新羅の滅亡《めつばう》は、業病《ごふびやう》の床《とこ》について、幾十年の長わづらひのあとに、息絶《いきた》えた人とよく似《に》てゐる。強い、大きな力が、新羅を搖動《ゆりうご》かしたのではない。根の枯れた大木が、やがて雨風に朽《く》ちたふれるやうに、自ら支《ささ》へる力を失つて、新羅は滅びたのである。

四十八代の景文王に、二人の王子があり、その下に曼《まん》とよぶ王女があつた。景文王の亡くなられたあと、太子とその弟が、王位を順々に嗣《つ》ぎ、十四年後に二人の兄のあとを承《う》けて、王女の曼が位に上つた。これが眞聖《しんせい》女王である。

新羅の礎《いしずゑ》が傾《かたむ》きかけたのは、この眞聖女王の頃からであつた。

女王は行《おこなひ》が正しくないうへに、わがままで、國の政《まつりごと》などは、ろくに省《かへり》みることがなかつた。自分の氣に入つた者は、誰彼かまはず宮室へ出入させて、重い役目を授《さづ》け、みだりに國政に立入らせた。それをお諫《いさ》めする、よい家來は、だんだん遠ざけられて、女王のそばには、おもねり、へつらふ惡い家來たちが、取りまくやうになつた。

さうなると、正しい政治の行はれるはずがない。よい行の者が罰《ばつ》せられ、わるいことをした者が讃《ほ》められる。大つぴらにわいろがやりとりされ、小利巧《こりかう》で、きげんとりの上手な者が、目に見えて出世をする――。こんなふうで、女王の位についた三年後には、もう國の

亂れが目立つやうになつた。

國ぢゆうの城からは、申しあはせたやうに、年貢《ねんぐ》を怠《おこた》つて納《をさ》めない。あちこちに、盗人《ぬすびと》が出沒《しゆつぼつ》して、良民の暮しを脅《おびや》かす――。

元宗《げんそう》・哀奴《あいど》などといふ家來が、反亂《はんらん》を起したかと思ふと、北原《ほくげん》の山賊の頭梁吉《かしらりやうきち》が、弓裔《きゆうえい》といふ手下を差向けて、溟州縣《めいしうけん》の十餘郡を襲《おそ》ふ――。

それに引きつづき、六年から十年へかけては、かねて女王の寵愛《ちようあい》を蒙《かうむ》つた甄萱《けんけん》といふ者が、にはかに兵を集めて謀反《むほん》を起し、自分から王だと名乘を擧《あ》げたり、弓裔が、またもや漢州を襲つて十餘縣を攻落《せめおと》したり、赤袴賊《せきこぞく》といふ、下袴《したばかま》の赤い賊徒《ぞくと》が、到るところに現れて、人殺や火つけをするといふやうな、血なまぐさい騷《さわぎ》がつぎつぎと起つた。

かうなると、とうとう、ゐたたまらなくなつて、眞聖女王は、位を兄の子の嶢《げう》にゆづつて隱居《いんきょ》してしまつた。そして、この嶢が五十二代の孝恭《かうきよう》王となつた。

削られてゆく國土

かうして、王は代つたが、國のおとろへには變りはなかつた。

孝恭王の二年には、弓裔が、浿西道《はいせいだう》と漢山州《かんざんしう》の三十餘城を攻取つた。

五年秋には、甄萱《けんけん》が大耶城《だいやじやう》*二四を攻めた。

八年、松都《しようと》(開城《かいじやう》)に都を置いた弓裔《きゆうえい》は、新羅の制度《せいど》にならつて、百官を設け、國號を摩震《ましん》と稱《とな》へた。浿江道《はいかうだう》の十餘州が、またまた、弓裔によつて降《くだ》された。

九年、星が亂れ飛んで、雨のやうに落ちた。眞夏《まなつ》に霜が降《お》りた。

弓裔の兵は、竹嶺《ちくれい》の東に迫つたが、目《ま》のあたり國土が削《けづ》られるのを見ながら、ただ怯《おび》え恐れるばかり、王は、殘る城主たちに、「敵に立向かふな。」「城を閉《とざ》して守れ。」と、いひふくめた。

十一年の春から夏へかけて、一度も雨が降らなかつた。新羅の十餘城が、甄萱に攻伏せられた。

十三年夏、弓裔は軍船を仕立てて、南の珍島《ちんたう》を降し、また皐夷島の城を破つた。

十四年、甄萱が三千騎をひきゐて羅州城《らしうじやう》をかこみ、十日あまり、もみあふうちに、弓裔の水軍が横合から襲ひかかつて、とうとう自分のものにした。

かうして、蜂《はち》の巣《す》を突いたやうな騷がつづいてゐるのに、孝恭王は國政などそつちのけ

で、後宮《こうきゆう》たちと遊び暮すのを毎日の仕事にした。心ある臣下が諫言《かんげん》を奉つても、馬の耳に念佛《ねんぶつ》である。殷影《いんえい》といふ大臣は、とうとうたまりかねて、王の寵愛する後宮の一人を斬棄《きりす》てたが、その翌年、王がみまかり、位は神徳《しんとく》王に渡された。

神徳王は、六年のあひだ位に在つたが、その間も、天災地變《てんさいちへん》がつづいて起り、國の勢は日増しにおとろへていつた。六年目に亡《な》くなられた後へ、太子の昇英《しようえい》が立てられて、景明《けいみやう》王となられた。

高麗太祖

一方では、日の出の勢を誇《ほこ》つた弓裔が、暴虐《ばうぎやく》のかぎりをつくして滅び、それに代つて、王建《わうけん》の新しい政治が布《し》かれた。この王建こそ、高麗《かうらい》の太祖《たいそ》その人である。

太祖は、王に立てられると、都を開城《かいじやう》に置き、仁愛《じんあい》と慈悲《じひ》で、民に臨《のぞ》んだ。永いあひだ平和に飢《う》ゑた人々は、さながら、春にめぐりあつた思で、太祖の膝《ひざ》もとへ集つたが、この高麗の新しい勢こそは、日に日に衰亡《すゐばう》を急ぐ新羅にとつて、泰山《たいざん》を目の前にひかへたやうな重壓《ぢゆうあつ》であつた。

景明王は、自ら身を卑《ひく》うして高麗に修好《しうかう》を求め、王の四年冬、甄萱《けんけん》が一萬騎を従へて、またまた大耶《だいや》城《じやう》に攻めて來た時も、高麗にたのみ入つて、援兵《ゑんぺい》を出してもらひ、やつとのことで、食ひとめたやうなありさまであつた。

いやしくも王の位にある人が、自分から威嚴《ゐげん》を棄てたのである。下々《しもじも》はいふまでもないこと、――王の六年になつて元逢《げんぽう》・順式《じゆんしき》などといふ新羅の城主たちが、城とともに高麗に降《くだ》り、七年の秋には命旨《めいし》城《じやう》の城達《じやうたつ》や、京山府《きやうざんふ》の良文《りやうぶん》たちが、同じく新羅を見かぎつて太祖の旗下《はたした》に加つた。

かうして、目《ま》のあたり、よい大將や、臣下たちを失ひながら、見離された者の悲しみをつぶさに嘗《な》めて、即位《そくゐ》八年の秋、王は病に薨去《こうきよ》された。

つづいて景哀《けいあい》王が立つたが、もうその時は、坂を降る車のやうに、新羅は滅亡の一路《いちろ》をたどりつづけた。一度すべり出した勢は、いよゝ加つて、いまさら、どんな力をもつてしても、止めることが出來なくなつてゐた。

二年十月、高鬱府《かううつふ》の將軍で、能文《のうぶん》といふ者が、高麗に屬《つ》きたいと申し出でたのを、高麗の太祖はかへつて、たしなめ、その城が新羅の都に近いことをいひ聞かせて、引取らせるやう

な始末《しまつ》であつた。

四年冬十一月、甄萱が大軍をひきゐて高鬱府を攻めた時、王は高麗に援軍《ゑんぐん》をたのんで、自分は家來や宮女たちと一緒に、鮑石亭《はうせきてい》といふ見晴しのよい場所へ出て、賑やかな酒宴《しゆえん》を催《もよほ》した。高麗の援軍が間に合はなかつたので、甄萱は、高鬱府をたちまちの間に攻落《せめおと》し、その勢で、一氣に都へ雪崩《なだ》れこんだ。

時を移さず、鮑石亭が襲はれて、王は無理じひに自刃《じじん》を迫《せま》られ、あまたの臣下たちも殘らず賊軍の刃《やいば》に斬殺《きりころ》された。王妃《わうひ》や大勢の宮女たちも、いふにいはれぬはづかしめを受けた。

景文王のあとへ、文聖王《ぶんせい》の遠い孫にあたる、敬順《けいじゆん》王が立てられた。第五十六、新羅最後の王である。

新羅最後の日

敬順王は、前王の屍《しかばね》を收《をさ》めて廟《べう》に安置《あんち》し、群臣《ぐんしん》と共に慟哭《どうこく》して南山《なんざん》に葬《はうむ》つたが、これからは、いよいよ甄萱の暴惡《ばうあく》がつのり、鮑石亭の血のりの、まだ乾《かわ》ききらない、同じ年の十二月には、またまた大水郡《だいすゐぐん》を襲つて、百姓たちが辛苦《しんく》して刈取つた一年間の收穫《しうくわく》を殘ら

ず、つけ火で焼拂ふやうな殘虐《ざんぎやく》ぶりであつた。

いまとなつては、國あつて國のないやうなもの、たとへ、金庾信《きんゆしん》が再來《さいらい》したとて、再び新羅を昔にかへすよしもない。甄萱と太祖の合戰《かつせん》で、新羅の四十餘城は高麗に入り、これぞといふ大將たちも、ほとんど失つて、いまは數へるほどもない。それに引きかへて、高麗は日に日に盛となり、文字どほり朝日の勢である。

敬順王は、位について九年目に、とうとう最後の決心を固《かた》め、臣下たちを集めて、涙とともに詔書《せうしよ》を降した。

「卿等《けいら》、心して聞け。いま四方の土地ことごとく他に歸し、國弱く、勢《いきほひ》孤なり。何をもつてか社稷《しやしよく》＊四四を守り、生民《せいみん》を安んずべき。朕《ちん》ここに國を閉《とざ》し、擧げて高麗に降らんとす。請《こ》ふらくは卿等、朕の意を諒《れう》せよ。」

もうこの上、國を支《ささ》へることが出來ない。今となつては、高麗につく他に途がないのだ――と。これが、王より降された最後の宣言《せんげん》である。王子や臣下たちの反對もあつたが、王は押切つて決心を通すことに決《き》め、その場から王の親書《しんしよ》を携《たづさ》へて、使が高麗に送られた。

十二月、太祖の使臣《ししん》に迎へられて、王の一行は高麗へ向かつた。人民たちは沿道《えんだう》に立ち

ならんで、三十里*一六にわたる車馬《しやば》の列を見送りながら、聲をあげて泣いた。

いよいよ高麗の都に近づいたところで、太祖は城下はづれまで親《した》しく出迎へ、禮を厚くして宮室へ導《みちび》いた。きのふの新羅王は、けふではすでに高麗の臣下である。太祖は新羅王のために宮殿を賜ひ、爵《しやく》を贈《おく》つて、太子よりも上の位に在らしめたが、この優遇《いうぐう》は末までかはらなかつた。

かうして九百九十二年の、華《はな》やかにも美しい新羅の歴史は、たそがれの陽《ひ》が入るやうに、おもひで多い千年の最後の幕《とばり》を閉ぢたのであつた。

四四、社稷《しやしよく》　「社」は土地の神、「稷」は穀物《こくもつ》の神。君王はこの二神を宮室の右に祭る。ここは、「國家」の意。

四十二、麻衣太子

敬順《けいじゆん》王が、詔書を降して、新羅の最後を宣告《せんこく》したとき、滿座《まんざ》の百官臣僚《しんれう》は聲をのんで、敢《あ》へて頭《かしら》を上げる者もなかつた。

そのとき、王子が、聲をふるはせていつた。

「國の存亡《そんばう》は、天命にかかつてゐるのです。勢はおとろへたと申しても、まだ新羅には、忠臣義将《ざしやう》がゐないわけではありません。心を一つに合はせて固《かた》く守り、人民たちともろともに、最後まで戦ふべきです。どうして一千年の祖先の地を、むざむざ人に與《あた》へられるでせう。」

王子のその言葉は、いまにも消えようとするらふそくの、最後のゆらめきのやうに明かるくゆれた。

「さうですとも、一人残らず死絶《しにた》えるまでは――。」

と、ゐならぶ臣下たちの心にも、激《はげ》しい感動《かんどう》がざわめいた。

王は、涙ながらに、重ねて仰《おほ》せられた。

「よくいつた。その一言こそ、祖先の靈《れい》に詫《わ》びるせめてもの手向《たむけ》である。しかしながら、今となつては、しよせん勢を全うすることは出來ない。このうへ爭つては、恥《はぢ》を重ねるばかりか、罪《つみ》なき人民に、いよいよ苦しみを負はすこととなる。どうしてそれが忍《しの》ばれよう。」

王子は、それを聞くと、聲を放つて泣伏したが、やがて王の前に拜し、宮室を出て、そのまま皆骨山《かいこつざん》＊四五へ向かつた。王子は山へ入つたまま、つひに再び世に出ず、岩穴《いはあな》に起き伏し、麻《あさ》の衣《ころも》をまとひ、草や木の根を食べて一生を終へた。

「麻衣太子」と呼ぶばかりで、王子の名は、史書《ししよ》にも傳はつてゐない。

四五、皆骨山《かいこつざん》　金剛山《こんがうさん》の異名《いみやう》。

四十三、後百濟王の甄萱

甄萱《けんけん》は、慶尙道《けいしやうだう》の尙州《しやうしう》、もとの加恩縣《かおんけん》に生まれた。

父は農夫から身を起して、あとでは、部將となつた人であるが、甄萱が生まれた頃は、まだ田舍《ゐなか》で、百姓をしてゐた。

甄萱が生まれて間もない時のこと、ある日、甄萱の母は、野良《のら》で田を耕《たがや》してゐる夫《をつと》のところへ辨當《べんたう》を運んでゆき、赤子を田のあぜに寢かせたまま、ちよつとの間、そばをはなれた。

すると、虎が一匹、のそりとやつて來て、赤子の口へ、乳房《ちぶさ》をふくませた。遠くで見てゐた人たちが、びつくりして騒《さわ》ぎ立てたが、べつに害《がい》を加へるやうすもない。そればかりか、赤子は、うまさうに虎の乳を吸《す》ひつづけてゐる。そのうち赤子のおなかが一ぱいになつて、乳房をはなすと、虎は、遠まきにしてわいわい騒ぐ人たちを、しり目にかけて、またのつそりと立去つて行つた。

「これは、ただの子ぢやない。いまにきつと、どえらい人間になる。」

村の人たちは、口々にさういつて、甄萱のことを、語りぐさにした。

大きくなるにつれて、骨格《こつかく》たくましく、顏立も見るからに秀《ひい》でたが、やがて軍士に擇《えら》ばれて、新羅の都へのぼり、海防軍《かいばうぐん》の方へまはされた。しばらくするうちに、甄萱の勇氣や氣性《きしやう》がみとめられて、裨將《ひしやう》に立てられたが、それからは、とんとん拍子《びやうし》に出世をして、王室へも出入をする身分になつた。

時の眞聖女王は、甄萱がお氣に入りで、臣下のやうには扱《あつか》はなかつた。ところが、女王の六年に、凶年《わるどし》が來て、到《いた》るところ、賊徒がはびこるやうになると、この時とばかり、甄萱は部下の者どもをけしかけ、自分が先頭に立つて、都の西南を襲《おそ》つた。それをきつかけに、

ますます勢をひろめて、わづか十月《とつき》足らずの間に、五千人あまりの家來を、ひきゐるやうになつた。

甄萱は、その家來たちと一緒に、武珍州《ぶちんしう》といふ新羅の土地を襲つて、そこへ根城《ねじろ》をかまへたが、それから九年たつて、孝恭王《かうきよう》の四年の時、完山《くわんざん》といふところへ移《うつ》り、ここで土地の人たちの、信望《しんばう》を受けるやうになつた。

甄萱は、人々に百濟《くだら》の滅されたいきさつを語り、義慈王《ぎじ》*四六の怨を晴らすのだ、といつて、自分から後《ご》百濟王と名乘り、新羅の制度にならつて、政治を布《し》いた。

間もなく、大耶城《だいやじやう》*二四をはじめ、新羅の城を十幾つも擊ちとり、或は弓裔《きゆうえい》と戰ひ、弓裔のあとの高麗と弓矢を交《まじ》へるなど、何度も勝敗を重ねてゐるうちに、いつしか侮《あなど》れぬ勢力を張るやうになつた。

かうして、四十四年が過ぎた。

新羅が滅んで、高麗は建國《けんこく》十八年を迎へた。

甄萱には大勢の子があつたが、中でも四番目の金剛《こんがう》といふのを、一番可愛がつた。金剛は身の丈《たけ》高く、智慧《ちゑ》も勇氣もすぐれてゐたので、甄萱は、自分のあとを、これに嗣《つ》がせよう

としてゐた。

それを嫉《ねた》んだのは、神劍《しんけん》・良劍《りやうけん》・龍劍《りゆうけん》の、三人の兄である。金剛が王となるのを、指をくはへて見てゐられるかと、つひに謀《はかりごと》をめぐらして、父の甄萱を山寺に閉《と》ぢこめ、弟の金剛を殺して、一番上の神劍が、自分から位に上り、後百濟の王となつた。

山寺に幽閉《いうへい》された甄萱は、吾が子に裏切られたくやしさを、押《お》へることが出來ない。もう寄る年波《としなみ》で、昔の氣力《きりよく》もなく、自分の力では、どうすることも出來ないのを知つて、三月あまりの後、見張の者の目をかすめて、高麗へ逃《のが》れ、太祖《たいそ》の情《なさけ》にすがることになつた。

太祖は、甄萱をおろそかに扱《あつか》はず、一國の王としてもてなしたが、それからほどなく、甄萱の婿《むこ》で、後百濟の將軍となつてゐる英規《えいき》といふ者から、高麗にゐる甄萱のところへ、一通の密書《みつしよ》がとどけられた。

英規は、舅《しうと》の甄萱が、四十四年の功を奪《うば》はれて、高麗に逃れたことを、心から氣の毒がつた。そして、不義の王である神劍の下に、臣下として仕へるのを潔《いさぎよ》しとしなかつたので、妻《つま》と相談《さうだん》の上で、こつそり密書を送つたのである。

「もし、高麗が兵をさし向けますなら、內應《ないおう》して後百濟を滅すことにお力を添《そ》へませう。」

これが、文面であつた。

高麗の太祖は、甄萱ともはかつた上で、さつそく後百濟へ兵を攻入らせた。神劍はじめ後百濟の將兵たちは、にはかに高麗の兵を迎へて、手をほどこすひまもなく、はんの少しばかり手向かひしただけで、殘らず高麗の軍門に降參《かうさん》した。

神劍の一年を合はせて、後百濟四十五年のはかない足跡《そくせき》が、これで跡方もなく消えうせた。父に逆《さから》つた三人の子は、いづれも斬られたが、國を失ひ、四人の子を失つた甄萱は、氣鬱症《きうつしやう》にかかり、胸をかきむしりながら、間もなく黃山《くわうざん》の佛舍《ぶつしや》で息《いき》を引きとつた。

四六、義慈王　百濟最後の王。一〇三ページ參照《さんせう》。

四十四、片目の王子

新羅《しらぎ》の憲安《けんあん》王に、王子が生まれた。

お産は、妃《きさき》の里方《さとかた》ですまされたが、生まれたときから、この王子には齒があつた。また産室《さんしつ》の上には、虹《にじ》のやうな白い光がたなびいた。

その知らせを受けると、王様は日官《につくわん》*一九に占《うらな》はせて、吉凶《きつきよう》をたづねた。

日官がいふには、

「必ず將來《しやうらい》、國に禍《わざはひ》をなす兆《しるし》でございます。お痛《いた》はしいことながら、いまのうちに、處置《しよち》をなさらねばいけません。」

そこで王様は、身近《みぢか》の家來にいひふくめて、その王子を殺させた。ところが乳母《うば》の機轉《きてん》で、王子は片目を刺《さ》されただけで、命拾ひをした。

遠い山里の乳母の手もとで、この王子は育《そだ》てられた。王子と知れては大變である。この祕密《ひみつ》は、乳母一人の胸にたたまれてゐた。

片目の少年は、乳母を母とばかり思ひこんで育つた。育つにつれて、だんだんいたづらがはげしくなり、毎日、村の子供を泣かさぬ日はなかつた。乳母はある日、嚴《きび》しくたしなめたうへ、生まれながらに國に棄《す》てられた一部始終《いちぶしじゆう》を、少年に物語つて聞かせた。

はじめて聞く素性《すじやう》に、少年は泣いて詫《わ》び、乳母に別れを告げて、その足で、世達寺《せいたつじ》といふ寺へ入つた。そして善宗《ぜんそう》といふ名をもらひ、この寺の小僧になつた。

寺には入つたが、何年たつても規律《きりつ》を守らず、すること、なすことが、わがまま一ぱい

で、手がつけられなかつた。

ある朝、手に鉢《はち》をもつて庭をよこぎるとき、鳥が一羽飛立ちながら、くはへてゐた木の枝を、鉢の中に落した。ところが、ちやうどその落ちた枝が、「王」といふ字の形になつたので、「これは、きつと、今に王になる前兆《ぜんてう》だ。」と、善宗は、心の中で喜んだ。

新羅がだんだん落目《おちめ》になると、その頃は、もう一人前の坊さんになつてゐた善宗は、袈《け》裟《さ》をぬぎ棄てて、寺を飛出した。さうして、箕萱《きけん》といふ賊の頭《かしら》に身

を寄せた。

ところが、箕萱があまりお粗末《そまつ》に扱ふので、ここも飛出し、四、五人の仲間《なかま》を誘《さそ》ひ合はせて、北原《ほくげん》にゐる賊徒の頭の梁吉《りようきち》をたづね、その下に加るやうになつた。

もう、善宗とはいはない。名前は弓裔《きゆうえい》と改められた。

梁吉は、弓裔を信任《しんにん》して、手下の中でも、とりわけ重く用ひ、子分《こぶん》を分けて新羅の東を襲《おそ》はせた。弓裔は手始めに、酒泉《しゆせん》や奈城《なじやう》など、五つ六つの土地を襲撃《しふげき》して、それをすつかり自分の手に収《をさ》めた。その後溟州《めいしう》も攻陥したが、弓裔は、三千五六百人の手下たちと艱難《かんなん》を共にしながら、少しも偉《えら》ぶらず、分け前なども、ごく公平《こうへい》に行きわたらせたので、だんだんと、人望《じんばう》が集り、手下の者たちから、将軍と仰がれるやうになつた。

かうして幾年かがたつ間に、弓裔はたくさんの城を攻陥し、評判《ひやうばん》もいよいよ高くなつた。一方、新羅は日に日に傾《かたむ》いていつたが、弓裔はそのすきをのがさず、どしどし攻立てて、新羅の滅亡《めつばう》を早めた。

「新羅は、唐の力を借《か》りて、高句麗《かうくり》を滅し、平壤《へいじやう》はいま、荒れはてた草野《くさの》となつてゐる。この仇《あだ》は、必ず自分がとつてみせる。」

縁《えん》もゆかりもないはずの高句麗を引きあひに出して、弓裔はこんないひがかりを新羅につけた。實は、自分が生まれ落ちた時、新羅の王である父によつて、殺されようとしたその怨《うらみ》を、忘れなかつたのである。

弓裔はこの時、自分で一國を建《た》てて、「摩震《ましん》」と稱《とな》へてゐたが、新羅を憎《にく》むことがいよいよはげしく、ある時、南の方へ行つて、興州《こうしう》の浮石寺《ふせきじ》に、新羅王の繪すがたがかかつてゐるのを見ると、劍を拔いて、一刀の下に斬りつけたことさへあつた。

また、新羅を、「滅都《めつと》」と呼ばせて、身分のある無しを問はず、新羅の者とさへ見ると、立ちどころに斬殺《きりころ》した。そして、折あらば、新羅を根こそぎたふして、自分の手に入れようと、ねらひつづけた。

あとで、高麗の太祖となつた王建《わうけん》は、このとき弓裔の下で、大阿飡《だいあさん》將軍となつてゐたが、弓裔は、自分を彌勒佛《みろくぶつ》と呼ばせて、頭の上には金色《こんじき》のかざりをつけ、衣も、佛の身なりに

似《に》せたものを着た。表へ出るときは、たてがみと尾をかざり立てた白馬に乗り、香《かう》や花を捧《ささ》げた童男童女《どうなんどうぢよ》を先に立たせ、後には、二百人からの比丘尼《びくに》を從へて、その比丘尼たちに御詠歌《ごえいか》を唱《とな》へさせた。自分でも、二十何卷の經文《きやうもん》を誦《じゆ》し、時には、大勢の家來を前にして說法《せつぽふ》をしたりした。

一々することが變つてゐたが、その說法といふのが、一つとして、佛道にかなつたものではなかつた。釋聰《しやくそう》といふお坊さんは、弓裔の述立《のべた》てる得手《えて》勝手《かつて》な邪說《じやせつ》を暴《あば》いたために、その場で、弓裔に打殺されてしまつた。

勢が盛になるにしたがひ、弓裔の狂暴《きやうばう》は、いよいよつのつていつた。氣に入らぬ者は、誰かれとなく斬棄てて、はばからず、ある時は、妃の康氏《かうし》が口答をしたといふので、鐵の杵《きね》で搗殺《つきころ》し、二人の子まで、一緒に死なせたやうなこともあつた。

それからは、事ごとに疑《うたが》ひ深くなり、將兵から平民《へいみん》に至るまで、罪なしに殺される者が、數へきれぬほどになつた。つひに臣下たちも、ほぞを決めて、ある晚、王建をおとづれた。

「どうか義旗《ぎき》を擧げて下さい。あなたのほかに、この暴虐《ばうぎやく》を打ちこらす者はありません。」

王建は、謀《はかりごと》を打明けられると、顏色《かほいろ》を變へて反對《はんたい》した。けれども臣下たちはあきらめ

ようとせず、天下の大義《たいぎ》を說《と》いて、どこまでも王建に立つてもらひたいとすゝめた。

なほも決心がつかずに、躊《ため》らつてゐるところへ、陰《かげ》で一部始終を聞いてゐた夫人《ふじん》の柳氏《りうし》が出て來て、

「仁《じん》が、不仁《ふじん》を擊《う》つのは、天の意《こゝろ》です。どうか皆さんのおつしやるとほりに、なさつて下さい。女のわたくしでさへ、血が湧《わ》きますものを、何をこのうへ躊ふことがありませう。」

と、いやおうなしに、甲冑《かつちう》を着せて、立上らせた。

王建もとうとう決心して、皆のすゝめに從つた。

王建が立つと聞くと、都の人たちは何萬と群《むれ》をなして、宮室《きゆうしつ》の前に集り、歡呼《くわんこ》の聲をとどろかせた。弓裔は、いまさらのやうにあわてふためき、宮室の裏門から逃《のが》れて、山に隱《かく》れたが、名もない百姓の手に捕はれて、みじめな最期を遂《と》げた。

二十八年間の、はかない權勢《けんせい》ではあつたが、弓裔の現れたことによつて、高麗五百年の第一步は開かれたのである。行列の先に立つ露《つゆ》はらひ。――それが弓裔の殘したただ一つの手柄であつた。

三國時代年代表

皇紀・西暦、及び天皇紀は、いづれも即位の年度。
王號の左は在位年數。

新羅

皇紀 西暦	日本	王號	關聯の物語	史要（☆內事 ★外事）	支那
六〇四 前五七	崇神天皇 四一	(一)赫居世《ホコセ》王 六一	六つの部落《ぶらく》	☆辰韓《しんかん》六部を統合《とうがふ》して始祖《しそ》赫居世が位に卽《つ》いた。國號「徐羅伐《ソラボル》」。☆二十一年に高句麗《かうくり》が、四十年に百濟《くだら》が、それぞれ國を建てた。★二十六年、任那《みまな》日本府の起り。★二十八年、クレオパトラが死んだ。★天日槍植民時代。	漢宣
六六四 後四	垂仁天皇 三三	(二)南《なん》解《かい》王 二一	流れ着いた箱	☆前王を「居西干《きよせいかん》」と稱《とな》へ、この王を、「次々雄《じじゆう》」と呼んだ。いづれも、方言《はうげん》で「王」といふ意味。	漢平 新莽
六八四 二四	垂仁天皇 五三	(三)儒《じゆ》理《り》王 三四	流れ着いた箱	☆この代より以下十六代の王號を「尼斯今《にしぎん》」と稱へた。ニムグム(君主)のもとの音《おん》で、齒の大きい者を推《お》して王としたといふ古傳《こでん》の說と符合《ふがふ》する。★匈奴《きようど》の南北分裂《ぶんれつ》。★ローマ、ネロ帝。	東漢 光武

七一七 五七	垂仁天皇 八六	(四)脫《だつ》解《かい》王 二四	流れ着いた箱 雞《けい》林《りん》 馬《ば》叔《しゆく》(戰の智慧)	☆昔氏《せきし》王となる。王位は一姓に傳はらず、貴族《きぞく》の諸姓《しよせい》(朴《ぱく》・昔・金《きん》)より聖德《せいとく》備はれる者を推して、かはるがはる位に卽かしめた。☆雞林に、金氏の始祖《しそ》が天降《てんかう》したといふ。	漢明
七四〇 八〇	景行天皇 一〇	(五)婆《ば》娑《さ》王 三三		☆二十二年、王宮を金城より月城《げつじやう》へ移《うつ》した。☆二十九年夏、大雨から飢饉《ききん》になつた。★熊襲《くまそ》の亂《らん》。日本武尊の御東征《ごとうせい》。	漢章
七七二 一一二	景行天皇 四二	(六)祇《ぎ》摩《ま》王 二三		☆五年秋、一萬の精兵を遣《つか》はして伽耶《かや》を攻めた。☆十二年春、大和《やまと》(日本)と講和《かうわ》。	漢安
七九四 一三四	成務天皇 四	(七)逸《いつ》聖《せい》王 二一		☆六年秋、靺鞨《まつかつ》が攻めて來た。☆十一年、民間《みんかん》の金銀珠玉を用ひることを禁じた。☆十六年、王都に疫病《えきびやう》が流行した。	漢順
八一四 一五四	成務天皇 二四	(八)阿《あ》達《だ》羅《ら》王 三一	大和《やまと》の綾帛《あやぎぬ》	☆十二年、阿飡《あさん》の位にある吉宣《きつせん》が謀叛《むほん》を企《くはだ》て、發覺《はつかく》して百濟へ逃亡した。☆十四年、百濟を攻めた。	漢桓
八四四 一八四	成務天皇 五四	(九)伐《ばつ》休《きう》王 一三		☆十年漢祇部《かんぎぶ》の女が、一產に四男一女を生んだ。★大和に凶年《きようれん》。	漢獻
八五六 一九六	仲哀天皇 四	(一〇)奈《な》解《かい》王 三五	勿稽子《もつけいし》	☆四年・十九年・二十三年・二十七年・二十九年と、ひきつづき百濟と戰ふ。☆十七年、伽耶の王子を質《しち》に受けた。★神功皇后攝政《せつしやう》。五年十月、新羅《しらぎ》を親征《しんせい》し、十二月凱旋《がいせん》。	三國

八九〇 二三〇	神功皇后 三〇	(二)助《じよ》賁《ふん》王 一八		☆十六年、高句麗が北邊《ほくへん》を攻めた。	三國
九〇七 二四七	神功皇后 四七	(三)沾《せん》解《かい》王 一六		☆九年、百濟來襲。☆十三年、ひでりのために、到るところ盜賊《たうぞく》が蜂起《ほうき》した。☆十四年、大雨で、四十餘箇所に山崩《やまくづれ》があつた。	三國
九二二 二六二	神功皇后 六二	(一三)味《み》鄒《すう》王 二三		☆金姓《きんせい》の王が、この代に始めて位に卽いた。(新羅五十六王中、三十八王は金姓)★大和に韓人《かんじん》の池をつくつた。	晉武
九四四 二八四	應神天皇 一五	(一四)儒《じゆ》禮《れい》王 一五		★二年、陳壽《ちんじゆ》の「三國志《さんごくし》」が著された。その魏志《ぎし》の「東夷《とうい》列《れつ》傳《でん》」には、半島古代の民俗《みんぞく》を傳へたものが多い。★二年、百濟王仁《わに》博士により、始めて漢文が日本に傳はつた。	晉惠
九五八 二九八	應神天皇 二九	(一五)基《き》臨《りん》王 一三		★大和、諸國に命じて軍船をつくらしめた。	晉懷
九七〇 三一〇	應神天皇 四一	(一六)訖《きつ》解《かい》王 四七		☆三年及び三十五年、大和より求婚《きうこん》の使者《ししや》が來た。★四年、樂浪《らくらう》滅ぶ。★七年、西晉滅亡《せいしんめつばう》。	東晉元帝
一〇一六 三五六	仁德天皇 四四	(一七)奈《な》勿《もつ》王 四七		☆三十七年、高句麗と大和へ人質《ひとじち》を送る。☆九年夏、大和から大軍が來たが、草人形《くさにんぎやう》數千を作つて兵と見せ、伏兵《ふくへい》を發してこれを退けた。☆四十六年、高句麗から質子《しちし》實聖《じつせい》還《かへ》る。★十二年、武內宿禰《たけうちのすくね》薨《こう》ず。	晉哀

一〇六二 四〇二	履中天皇 三	(一八)實《じつ》聖《せい》王 一六		☆大和と親しくなつて、奈《な》勿《もつ》王子未《み》斯《し》欣《きん》を質子に送つた。★大和が、始めて諸國に、史官を置いた。★十三年、大和が、良《りやう》醫《い》を新羅に求めて來た。	晋安
一〇七七 四一七	允恭天皇 六	(一九)訥《とつ》祇《ぎ》王 四二		☆この代より以下三代の王號を「麻《ま》立干《りつかん》」と稱へた。☆王は奈勿王の王子。實聖王は、奈勿王が己《おのれ》を質子として高句麗に送つたことを怨《うら》み、王となるや、その子訥祇《とつぎ》を殺さうとした。訥祇これを知り、かへつて王を弑《しい》して自ら王となつた。★大和の使者、宋《そう》に到る。★支那、南北朝の始。	宋武
一一一八 四五八	雄略天皇 二	(二〇)慈《じ》悲《ひ》王 二二	杵《きね》の音	☆十年、有司《いうし》に命じて戰艦《せんかん》を修理《しうり》せしめた。☆十八年、明《めい》活城《くわつじやう》に王宮を移した。★七年、任那日本府が新羅を助けて、大いに高句麗を敗つた。	宋明
一一三九 四七九	雄略天皇 二三	(二一)炤《せう》智《ち》王 二二		☆十二年、始めて京師《きやうし》に市《いち》を開き、四方の物貲《ぶつし》を交換《かうくわん》した。☆十五年秋、臨海《りんかい》・長嶺《ちやうれい》の三鎭《ちん》を設《まう》け、和寇《わこう》に備へた。	齊高
一一六〇 五〇〇	武烈天皇 二	(二二)智《ち》證《しよう》王 一五	木の獅子《しし》（戰の智慧）	☆三年、殉葬《じゆんさう》を禁《きん》じ、牛で耕《たがや》すことを始めて行つた。☆國號の方言を廢《はい》し、四年に「新羅」と定め、又王號の方言を改めて「王」と稱へた。★九年、パリーがフランク國の首府《しゆふ》となつた。	梁武

一一七四 五一四	繼體天皇 八	(二三)法《ほふ》興《こう》王 二七	異次頓《いじとん》の忠《ちゆう》 死《し》	☆七年、律令《りつれい》を布《し》き、始めて、百官の公服《こうふく》を制定《せいてい》した。☆十五年、佛法《ぶつぽふ》が行はれた。☆二十三年、始めて年號を用ひて、建元《けんげん》と稱へた。 ★達磨《だるま》大師《だいし》が廣州《くわうしう》に着いた。	梁武
一二〇〇 五四〇	欽明天皇 一	(二四)眞《しん》興《こう》王 三七	源花《げんくわ》と花郎《くわらう》 新羅の隱密《おんみつ》	☆六年、居柒夫《きよしつふ》に命じて、始めて國史を撰《せん》した。☆十四年、皇龍寺《くわうりゆうじ》竣工《しゆんこう》。☆二十九年、北漢山《ほくかんざん》及び沃沮《よくそ》舊地《きうち》巡幸《じゆんかう》。☆始めて花郎の制度《せいど》が設けられた。 ★東魏《とうぎ》の僧尼《そうに》二百萬。寺三萬餘。	陳武
一二三六 五七六	敏達天皇 五	(二五)眞《しん》智《ち》王 四		☆三年春、百濟が西境《せいきやう》に攻めて來たので、これを迎へ討ち、首三千七百級を擧げて撃退《げきたい》した。 ★周軍《しうぐん》のために、齊《せい》が滅びた。	陳後
一二三九 五七九	敏達天皇 八	(二六)眞《しん》平《へい》王 五四	墓の聲 劍君《けんくん》の死 元帥金庾信《きんゆしん》	☆眞興王以來、僧の支那へ留學《りうがく》する者が續出《ぞくしゆつ》したが、眞平王の十一年に、陳《ちん》に入つて、法を修《しう》した圓光《ゑんくわう》は、十七年大成《たいせい》し、名を擧げて歸つた。☆唐《たう》との交渉《かうせふ》、この代より盛となる。 ★智顗《ちがい》の天台宗《てんだいしゆう》大成。	隋文
一二九二 六三二	舒明天皇 四	(二七)善德《ぜんとく》女王 一六	牡丹《ぼたん》の種 竹《ちく》々《ちく》 元帥金庾信	☆十四年、瞻星臺《せんせいだい》(天文觀測臺《くわんそくだい》)が作られた。☆茶が移植《いしよく》されて、盛になつた。 ★十一年、高句麗の淵蓋蘇文《えんがいそぶん》、王を弑し、大いに制度を改革。	唐太

一三〇七 六四七	孝德天皇 三	(二八)眞德女王《しんとくじよわう》 八	丕寧子《ひねいし》主從 元帥金庾信	☆三年より唐の年號を用ひ、唐の衣冠《いくわん》を取入れた。☆二年、金春秋《きんしゆんじう》(後、武烈《ぶれつ》王)入唐。☆五年、金仁問《きんじんもん》入唐。★善導《ぜんだう》大師が、淨土宗《じやうどしゆう》を大成した。	唐高
一三一四 六五四	孝德天皇 五	(二九)武烈《ぶれつ》王 八	落花岩《らくくわがん》 黃山《くわうざん》の戰	☆七年、唐の蘇定方《そていはう》のひきゐる十三萬の大軍と聯合《れんがふ》して、共に百濟を攻め、つひにその國を滅した。★元年、日本の朝廷は、藤原鎌足《ふぢはらのかまたり》に紫冠《しくわん》を授けた。	唐高
一三二一 六六一	齊明天皇 七	(三〇)文武《ぶんぶ》王 二一	元帥金庾信 死後《しにおく》れの恥	☆八年、唐の李勣《りせき》と力を合はせて高句麗を滅し、三韓を統一した。☆十四年、大奈麻《だいなま》(位の名)德福《とくふく》が、唐より曆術《れきじゆつ》を學んで歸り、始めて曆《こよみ》が行はれた。★十九年、ブルガリヤ王國建つ。	唐高
一三四一 六八一	天武天皇 九	(三一)神文《しんぶん》王 一二	萬波息笛《ばんぱそくてき》	☆二年、國學が立てられた。☆この代に薛聰《せつそう》が方言をもつて九經《きうきやう》を解《と》き、また吏道《りだう》をつくつた。★羅・麗・濟人、多く大和へ歸化《きくわ》。	唐武 則天
一三五二 六九二	持統天皇 六	(三二)孝昭《かうせう》王 一一		☆元年、高僧道證《だうしよう》が唐より歸り天文圖《てんもんづ》を獻《けん》じた。☆八年、高句麗のあとへ渤海《ぼつかい》が國を建てた。	唐武 則天
一三六二 七〇二	文武天皇 二	(三三)聖德《せいとく》王 三六		☆十七年、始めて漏刻《ろうこく》(時計)をつくつた。☆二十年、北境《ほくきやう》に長城《ちやうじやう》を築《きづ》いた。★十一年、「古事記《こじき》」成る。★十九年、「日本書紀《にほんしよき》」成る。★十六年、吉備眞備《きびのまきび》・阿倍仲麿《あべのなかまろ》、入唐。	唐中

一三九七 七三七	聖武天皇 九	(三四)孝《かう》成《せい》王 六		☆百濟と高句麗を滅すに當り、多く唐の力を借《か》りたので、その領《りやう》土《ど》が唐のもののやうに見えたが、この代に至り始めて唐の公認《こうにん》を得《え》、公然《こうぜん》たる新羅の國土となつた。★元年、大和が國の名を「大養德國《だいやうとくこく》」と改めた。	唐玄
一四〇二 七四二	聖武天皇 一四	(三五)景《けい》德《とく》王 二四		☆十年、金大城《きんだいじやう》が佛國寺《ぶつこくじ》を創《さう》した。☆十六年、州《しう》を九つに分ち、郡縣《ぐんけん》の名を漢文に改めた。☆十八年、官號の一部を改稱《かいしよう》。★二年、奈良東大寺《とうだいじ》建立《こんりふ》。★六年、日本は、もとの「大和國」にかへつた。★二十年、大和が、新羅語を學ばしめた。	唐玄
一四二五 七六五	稱德天皇 一	(三六)惠《けい》恭《きよう》王 一六		☆新羅人は二十八眞德《しんとく》女王までを上代、惠恭王までを中代、その後を下代と稱へたが、中代は新羅の全盛《ぜんせい》時代。★五年、道鏡が、和《わ》氣淸麿《けのきよまろ》を大隅《おほすみ》に流した。★六年、阿倍仲麿が、唐で卒した。年七〇。★十一年、吉備眞備卒。年八三。	唐代
一四四〇 七八〇	光仁天皇 一一	(三七)宣《せん》德《とく》王 六		☆王の臨終《りんじゆう》に、死後、骨を燒碎《やきくだ》いて東海《とうかい》に散ぜよと遺命《みめい》。★元年、大和が、諸國の海防《かいばう》を嚴《げん》にした。	唐德
一四四五 七八五	桓武天皇 四	(三八)元《げん》聖《せい》王 一四	ふしぎな珠《たま》	☆從來、射《しや》(武技)をもつて登用《とうよう》したが、この代に至り、始めて讀書出身科《しゆつしんくわ》を置いた。☆十四年、屈自《くつじ》郡《ぐん》の女が、一産に三男一女を生んだ。★十三年、「續《しよくに》日本紀《ほんぎ》」成る。	唐德

一四五六 七九六	桓武天皇 一八	(三九)昭《せう》聖《せい》王 二		☆九尺の人蔘《にんじん》を唐に送つた。★元年、和氣清麿卒。	唐 徳
一四六〇 八〇〇	桓武天皇 一九	(四〇)哀《あい》荘《さう》王 一〇		☆二年、耽羅《たんら》(濟州島《さいしうたう》)の使來朝《らいてう》。☆三年、伽耶《かや》山海印寺《かいいんじ》を創《さう》建《けん》。☆七年、みだりに寺を建てること、及び、佛寺が金銀錦《きん》繡《しう》をもつて器《き》服《ふく》とすることを禁じた。★七年、僧空海《くうかい》は、唐より歸つて眞言宗《しんごんしゆう》を傳へた。	唐 憲
一四六九 八〇九	平城天皇 四	(四一)憲《けん》徳《とく》王 一八		☆三年、佛像《ぶつざう》と經《きやう》文《もん》を唐に送つた。☆八年、民饑ゑて浙東《せきとう》に流離《りうり》するもの續出《ぞくしゆつ》。☆十八年、浿江《はいかう》に三百里の城を築いた。★三年、坂上《さかのうへの》田村麿《たむらまろ》薨ず。★六年、日本、「姓氏錄《せいしろく》」成る。	唐 憲
一四八六 八二六	淳和天皇 三	(四二)興《こう》徳《とく》王 一一	鸚鵡《あうむ》 清海鎭《せいかいちん》の弓福《きゆうふく》	☆五年、日本の僧護明《ごめい》が新羅へ留學。☆清海(全南莞島《くわんたう》)に鎭《ちん》を設け、弓福がその長《をさ》となつた。★四年、日本は諸國に水車を造らせた。★十年、空海入寂《にふじやく》。	唐 文
一四九六 八三六	仁明天皇 三	(四三)僖《き》康《かう》王 三	清海鎭の弓福	☆王位争奪《さうだつ》のため宮中に禍亂《くわらん》が起り、均貞《きんてい》、害《がい》に遇《あ》ひ、悌隆《ていりゆう》が王位に卽いた。★二年、唐の「國子監石經《こくしかんせききやう》」成る。	唐 文
一四九八 八三八	仁明天皇 五	(四四)閔《びん》哀《あい》王 二	清海鎭の弓福	☆僖康王を擁立《ようりつ》した金明《きんめい》が、亂をなして、前王の自殺後、自ら立つて王となつた。★元年、デーン人がイギリスを攻め、ロンドン市を燒いた。★伊豆《いづ》大島噴火《ふんくわ》。	唐 文

一四九九 八三九	仁明天皇 六	(四五)神《しん》武《ぶ》王 一	清海鎭の弓福	☆王は均貞の子、僖康王の從弟《じゆうてい》。弓福の手兵《しゆへい》を借りて閔哀《びんあい》王を討ち、位に卽いた。★日本の藤原貞敏《ふぢはらのさだとし》、唐の琵琶曲を修めて歸朝《きてう》。	唐文
一四九九 八三九	仁明天皇 六	(四六)文《ぶん》聖《せい》王 一九	清海鎭の弓福	☆八年、清海の弓福は、朝廷と和を失ひ、十三年に至つて暗《あん》殺《さつ》され、清海鎭を廢して、住民を碧骨郡《へきこつぐん》に移した。★四年、大和が、新羅人の渡來《とらい》を禁じた。	唐武
一五一七 八五七	文德天皇 天安一	(四七)憲《けん》安《あん》王 五	膺廉《ようれん》の三美《さんび》 片目の王子	☆二年、唐城郡で長さ約四十六米の大魚が獲《と》れた。☆三年、教を下して、堤防《ていばう》を修理し、農を勵《はげ》ましめた。★二年、日本、藤原氏攝政の始。	唐宣
一五二一 八六一	清和天皇 三	(四八)景《けい》文《ぶん》王 一五	膺廉の三美	☆十一年、皇龍寺《くわうりゆうじ》の塔の改造《かいぞう》に着工《ちやくこう》して、十三年に竣工《しゆんこう》した。☆十四年、崔致遠《さいちゑん》が、唐で科擧《くわきよ》(官試《くわんし》)に登つた。★二年、ロシヤ帝國の起源《きげん》。★十年、フランク國分裂して、イタリヤ・ドイツ・フランスに、それぞれ分れた。	唐懿
一五三五 八七五	清和天皇 一七	(四九)憲《けん》康《かう》王 一二		☆二年、高麗太祖《かうらいたいそ》王建《わうけん》が松岳郡《しようがくぐん》に生まれた。☆十一年、崔致遠が唐より歸つた。★大和が、畿內諸州《きないしよしう》の漁獲《ぎよくわく》を禁じた。	唐僖
一五四六 八八六	光孝天皇 二	(五〇)定《てい》康《かう》王 二		★大和が、太宰府《だざいふ》の防備《ばうび》を嚴にした。	唐僖

一五四七 八八七	光孝天皇 三	(五一)眞聖女王《しんせい》 一	新羅の末路《まつろ》 後百濟王《こくだら》甄萱《けん》	☆六年、甄萱が武珍州《ぶちんしう》に旗を擧げて、王を稱した。☆八年、弓裔《きゆうえい》(泰封王《たいほう》)が北原《ほくげん》より起つた。☆新羅の衰微《すゐび》、この代よりはじまる。★四年、グリーンランド發見《はつけん》。	唐昭
一五五七 八九七	宇多天皇 九	(五二)孝恭王《かうきよう》 一六	新羅の末路	☆四年、甄萱が國號を「後百濟」と稱へた。☆五年、弓裔が王となり、八年に至つて國號を「摩震《ましん》」と稱へ、九年、鐵原《てつげん》へ都を移した。★七年、菅原道眞《すがはらのみちざね》薨ず。	五代
一五七二 九一二	醍醐天皇 一二	(五三)神德王《しんとく》 六	新羅の末路	☆三年、弓裔が年號を「水德萬歲《すゐとくばんざい》」と號した。★九年、ケンブリッヂ大學創立《さうりつ》。	五代
一五七七 九一七	醍醐天皇 一七	(五四)景明王《けいめい》 八	新羅の末路	☆二年、弓裔の臣將《しんしやう》が王建を推戴《すゐたい》して、高麗を建てた。翌年、高麗は都を松都《しようと》(開城《かいじやう》)に移した。★五年、空海に「弘法大師《こうぼふだいし》」と諡《おくりな》した。	五代
一五八四 九二四	醍醐天皇 延長二	(五五)景哀王《けいあい》 五	新羅の末路	☆四年、甄萱が慶州《けいしう》に攻入り、王を弑《しい》して暴虐《ばうぎやく》の限りを盡くした。☆三年、渤海滅ぶ。	五代
一五八八 九二八	醍醐天皇 延長六	(五六)敬順王《けいじゆん》 九	新羅の末路 麻衣太子《まいたいし》	☆九年、國勢弱く、自ら支《さゝ》へることが出來なくなつたので、國を擧げて高麗に降《くだ》り、王は高麗の貴族《きぞく》に列せされた。☆後百濟も續いて滅び、半島はつひに高麗の天下となつた。	五代

高句麗

皇紀 西暦	日本	王號	關聯の物語	史要（☆内事 ★外事）	支那
六二四 前三七	崇神天皇 六一	(一)東《とう》明《めい》王 一九	高句麗《かうくり》の建國	☆源《みなもと》は扶餘《ふよ》。始め鴨綠江《あふりよくかう》の谷地《こくち》に國を開き、次第に鴨綠江・松花江《しようくわかう》の流域《りうゐき》と、漢《かん》の樂浪郡《らくらうぐん》を攻めて國をひろげた。	漢元
六四二 前一九	垂仁天皇 一一	(二)瑠《る》璃《り》王 三七	少年類利《るゐり》 贈《おく》られた弓	☆十一年、鮮卑《せんび》を攻めて屬領《ぞくりやう》にした。☆この代に漢の邊郡《へんぐん》を大いに攻略《こうりやく》した。★十六年、キリスト生まる。	漢成
六七八 後一八	垂仁天皇 四七	(三)大《だい》武《ぶ》神《しん》王 二七	樂浪《らくらう》の鼓《つづみ》と笛《ふえ》 鯉《こひ》（戰の智慧）	☆しばしば樂浪を襲ふ。★十三年、キリスト死。十二使徒《しと》の傳道《でんだう》。	新莽
七〇四 四四	垂仁天皇 七三	(四)閔《びん》中《ちゆう》王 五		☆漢の遼西《れうせい》諸國を攻略。☆二年、大雨で、饑饉《ききん》になり、倉を開いて窮民《きゆうみん》を救恤《きうじゆつ》した。	東漢 光武
七〇八 四八	垂仁天皇 七七	(五)慕《ぼ》本《ほん》王 六		☆王は大武神王の太子。あはれみを忘れ、國事を省《かへり》みなかつたので、民の怨《うらみ》がつのつた。★元年、匈奴《きようど》の南北分裂。★ローマの人口、六百九十萬。	東漢 光武

七一三 五三	垂仁天皇 八二	(六)太《たい》祖《そ》王 九四		☆史上、或は國祖《こくそ》王ともいふ。この代に扶餘・沃沮《よくそ》等を降し、遼西各郡を攻め、韓《かん》・濊《わい》等の勢力と聯合して、樂浪・玄菟《げんと》を壓《あつ》迫《ばく》した。★四十二年、漢が、西域《せいゐき》五十餘國を内屬《ないぞく》した。	漢明
八〇六 一四六	成務天皇 一六	(七)次《じ》大《だい》王 二〇		☆三年、太祖王の長子莫勤《ばくきん》を殺した。弟の莫德《ばくとく》は害の及ぶのをおそれて自殺。	漢桓
八二五 一六五	成務天皇 三五	(八)新《しん》大《だい》王 一五		☆十五年九月、國相答夫《たふふ》が、百十三歲の天壽《てんじゆ》を終つた。王慟《どう》哭《こく》し、朝儀《てうぎ》を廢《はい》すること七日。★鮮卑の長、檀石槐《たんせきくわい》が、匈奴の故地《こち》に據《よ》つて、東西千餘里(日本里程)の大國を建設した。	漢靈
八三九 一七九	成務天皇 四九	(九)故《こ》國《こく》川《せん》王 一九		☆十三年、乙巴素《おつぱそ》國相となる。☆支那の大亂のために、漢人の避難《ひなん》して來る者が多かつた。★十一年、漢の遼東太守となつた公孫度《こうそんど》は、世襲《せしふ》して前後五十年、權威《けんゐ》を東方に振るつた。	漢獻
八五七 一九七	仲哀天皇 六	(一〇)山《さん》上《じやう》王 三一		☆二年、丸都《ぐわんと》城《じやう》を築き、十三年都を移した。☆七年、國相乙巴素卒去。★二十年、曹操《さうさう》、魏《ぎ》王となる。	三國

八八七 二二七	神功皇后 二七	(二)東《とう》川《せん》王 二三	柴《し》原《げん》	☆十二年、魏を助けて公孫淵《こうそんえん》を討滅《たうめつ》。☆二十一年、魏の母丘《ばきう》儉《けん》が丸都を二度襲ひ、掠奪《りやくだつ》をほしいままにしたので、王は南《みなみ》沃沮へ避難《ひなん》した。	三國
九〇八 二四八	神功皇后 四八	(三)中《ちゅう》川《せん》王 二三		☆元年、王弟の預物《よもつ》・奢《しやく》句等が謀叛《むほん》して、誅《ちゆう》せられた。☆魏の將兵と梁貊《りやうはく》の谷に戰ひ、首八千を擧げて大いに勝つた。★元年、ローマ建國一千年祭。	三國
九三〇 二七〇	應神天皇 一	(三)西《せい》川《せん》王 二三		☆王弟達賈《たつこ》、戰功《せんこう》により安國君《あんこくくん》に封ぜられ、內外の兵馬を掌握《しやうあく》。★十一年、呉《ご》滅ぶ。	晉武
九五二 二九二	應神天皇 二三	(四)烽《ほう》上《じやう》王 九	鹽《しほ》を賣る若《わか》君《ぎみ》	☆王の猜疑《さいぎ》から、安國君と、王弟の咄固《とつこ》を殺した。★六年、「三國志《さんごくし》」の著者陳壽《ちんじゆ》卒す。	晉惠
九六〇 三〇〇	應神天皇 三一	(五)美《び》川《せん》王 三二	鹽を賣る若君	☆十二年、遼東の西《にし》、安平《あんぺい》を攻略。☆十四年、樂浪郡が最後の驅逐《くちく》を受け、半島に外來人の主權《しゆけん》が消滅《せうめつ》した。★十七年及び二十年、仁德天皇、高臺に登り、民の炊煙《すゐえん》を遠望《えんばう》したまふ。	晉懷
九九一 三三一	仁德天皇 一九	(六)故《こ》國原《こくげん》王 四一		☆四年、平壤城を增築《ぞうちく》。☆十二年、燕《えん》の來襲のため、丸都が破壞《はくわい》されて、王城を舊都《きうと》の國內城《こくないじやう》へ移した。	東晉 成帝
一〇三一 三七一	仁德天皇 五九	(七)小獸林《せうじうりん》王 一四		☆二年、佛法公傳。☆三年、始めて律令《りつれい》を行ふ。☆五年、肖《せう》門《もん》・佛國《ぶつこく》の兩寺を創建《さうけん》。	東晉 簡文

一〇四四 三八四	仁德天皇 七二	(一八)故《こ》國壤《こくじやう》王 九		☆二年夏、四萬の兵を發して遼東を攻めた。☆三年十月、桃《たう》李《り》花咲き、また、牛が馬を生んだ。八足、二尾。☆九年、新羅より質子として實聖《じつせい》が來た。	東晉 孝武
一〇五二 三九二	仁德天皇 八〇	(一九)廣開土《かうかいど》王 二二		☆十八歳の卽位以來、城二十四、村邑《そんいふ》一千四百を攻取り、特に半島内の高句麗の領土を大いにひろめた。★四年、ローマ帝國の東西分裂。★二十二年、慕《ぼ》容《よう》氏滅亡。	晉安
一〇七三 四一三	允恭天皇 二	(二〇)長壽《ちやうじゆ》王 七九	碁《ご》	☆十五年、都を平壤に移し、久しい治世の間、いよいよ領土を擴大《くわくだい》し、國威《こくゐ》を高めた。★二十七年、北涼《ほくりやう》の沮《そ》渠《きよ》氏滅び、五《ご》胡《こ》十六國は終を告げて、支那歴史は再び南北朝時代に入つた。	宋武
一一五一 四九一	仁賢天皇 四	(二一)文《ぶん》咨《し》王 二八		☆八年、百濟に凶年《きようねん》。飢《き》民《みん》二千が歸化した。☆二十一年秋、百濟を攻めて、二城を取り、男女一千人を捕虜《ほりよ》にした。★十三年、高句麗に求めた革工《かはこう》が大和へ着いた。大和の熟皮《じゆくひ》術がこの年から始つた。	齊明
一一七九 五一九	繼體天皇 一三	(二二)安《あん》藏《ざう》王 一三		☆十年秋、百濟が牛山城《ぎうさんじやう》を圍《かこ》んだ。五千の精騎《せいき》をさし向けてこれを敗つた。	梁武
一一九一 五三一	繼體天皇 二五	(二三)安《あん》原《げん》王 一五		☆五胡十六國以來の北方民族の國家には、高句麗人で、顯要《けんえう》の地位に就いたものが多かつた。★五年、北魏、東西に分裂。	梁武

一二〇五 五四五	欽明天皇 六	(二四)陽《やう》原《げん》王 一五	新羅の隱密《おんみつ》	☆七年、突厥《とつけつ》が攻めて來たが、逆襲《ぎやくしう》して追拂つた。☆八年、長安城を築いた。	梁 簡文
一二一九 五五九	欽明天皇 二〇	(二五)平《へい》原《げん》王 三二	馬鹿《ばか》の溫達《をんたつ》	☆二十六年（敏達天皇十三年九月）、僧慧便《けいびん》が、日本へ行き、寺を創して法を弘《ひろ》めた。★十四年、突厥、東西に分裂。★三十一年、陳《ちん》が滅び、支那南北統一。	陳 文
一二五〇 五九〇	崇峻天皇 三	(二六)嬰《えい》陽《やう》王 二九	護國《ごこく》の智將《ちしやう》	☆十一年、博士李眞文《りしんぶん》に命じて、國初以來の記事百巻を整理《せいり》し、新集五巻を作らせた。☆二十三年、隋《ずゐ》の煬帝《やうだい》が百萬の大軍をひきゐて來征し、乙支文德《おつしぶんとく》に敗れて歸つた。★六年、高句麗の僧惠慈《けいじ》が、大和に歸化して、皇子の師となつた。	隋 煬
一二七八 六一八	推古天皇 二六	(二七)榮《えい》留《りう》王 二五	安市《あんし》城《じやう》の血《けつ》戰《せん》	☆十四年、長城千餘里を築いた。★十一年、「日本史」に、始めて日食《につしよく》が記された。	唐 太
一三〇二 六四二	皇極天皇 一	(二八)寶《はう》藏《ざう》王 二八	安市城の血戰 男生《だんせい》兄弟	☆四年、唐の太宗が大軍を擁《よう》して來征し、安市城の梁萬春《りやうばんしゆん》に敗れて歸つた。☆男生兄弟の內訌《ないこう》から、唐の乘《じよう》ずるところとなり、唐と新羅の聯合軍《れんがふぐん》に敗れて國を終つた。	唐 高

百濟

皇紀 西暦	日本	王號	關聯の物語	史要（☆內事　★外事）	支那
六三四 前一八	垂仁天皇 一二	(一)溫《をん》祚《そ》王 四六	百濟の起り	☆高句麗《かうくり》と同じく源《みなもと》は扶餘《ふよ》。☆四十一年、十五歳以上の男子を徵發《ちようはつ》して、慰禮城《みれいじやう》を造營《ざうえい》した。★二十一年より大和は、殉葬《じゆんさう》の代りに土偶《どぐう》を用ひ始めた。	東漢 光武
六八八 後二八	垂仁天皇 五七	(二)多《た》婁《る》王 五〇		☆六年、始めて稻田《いなだ》をつくつた。☆王の三十七年より四十九年まで、殆《ほとん》ど新羅との戰に終始《しゆうし》した。	漢章
七三七 七七	景行天皇 七三	(三)已《き》婁《る》王 五二		☆三十七年、使臣を遣《つか》はして新羅と友好を結んだ。☆四十九年、新羅が靺鞨《まつかつ》のために侵《をか》され、百濟に援《たすけ》を乞《こ》うたので、王は五將軍に命じてこれを救はせた。	漢順
七八八 一二八	景行天皇 五八	(四)蓋《がい》婁《る》王 三九		☆五年、北漢山城《ほくかんざんじやう》を築いた。☆二十八年、新羅の叛臣《はんしん》をかくまつたところから、又々新羅の怒《いかり》を買つて交戰《かうせん》した。	漢順
八二六 一六六	成務天皇 三六	(五)肖《せう》古《こ》王 四九		☆二年、新羅を襲《おそ》ひ、二城を落して、曾《かつ》て虜《とりこ》となつた男女千餘名を救ひ出した。☆二十四年、新羅と戰つた。	漢靈
八七四 二一四	神功皇后 一四	(六)仇《きう》首《しゆ》王 二一		☆しばしば新羅と戰ひ、多く敗北《はいぼく》した。☆十六年、靺鞨來襲し、敵の挾擊《けふげき》に遇《あ》つて大敗した。	三國

八九四 二三四	神功皇后 三四	(七)沙《さ》伴《はん》王 一			三國
八九四 二三四	神功皇后 三四	(八)古《こ》爾《じ》王 五三		☆二十七年、官制《くわんせい》を改めて十六品《ぴん》とし、公服を制定《せいてい》した。☆五十年、縫衣女《ほういちよ》を日本に送り、五十二年、博士王仁《わに》を送つて「論語《ろんご》」と「千字文《せんじもん》」を日本にもたらした。これが、日本に於ける文字の始。	三國
九四六 二八六	應神天皇 一七	(九)責《せき》稽《けい》王 一三		☆十三年秋、漢軍來襲。王は自ら軍兵をひきゐて戰ひ、戰場に薨《こう》じた。	晉武
九五八 二九八	應神天皇 二九	(一〇)汾《ふん》西《せい》王 七		☆七年春、樂浪《らくらう》の西を攻略した。冬十月、王は樂浪太守《たいしゆ》のさし向けた刺客《しかく》のために薨じた。	晉惠
九六四 三〇四	應神天皇 三五	(一一)比《ひ》流《りう》王 四一		☆樂浪は高句麗に、帯方《たいはう》は百濟に侵食《しんしよく》されて來たが、王の十年に至りつひに滅亡。☆二十八年、凶年のため收穫《しうくわく》無く、今まで食べたことのない物まで食べる有樣であつた。	晉懷
一〇〇四 三四四	仁德天皇 三二	(一二)契《けい》王 三		☆百濟の、この年代までの年紀《ねんき》は、必ずしも信じ難い。	東晉 康
一〇〇六 三四六	仁德天皇 三四	(一三)近《きん》肖《せう》古《こ》王 三〇		☆博士高興《かうこう》が、始めて「史記」を作つた。☆二十六年、高句麗の故國原《ここくげん》王來征《らいせい》。百濟、三萬の精兵をもつてこれを擊破《げきは》し、矢をもつて高句麗王を射殺《しやさつ》した。	晉穆

一〇三五 三七五	仁徳天皇 六三	(一四)近仇首《きんきうしゅ》王 一〇		☆高句麗としばしば衝突《しようとつ》。☆十年、胡僧摩羅難陀《こそうまらなんだ》が、晋《しん》より來て始めて佛法が行はれた。	晋孝武
一〇四四 三八四	仁徳天皇 七二	(一五)枕《ちん》流《りう》王 一		☆二年、寺を漢山に創建《さうけん》。	晋孝武
一〇四四 三八四	仁徳天皇 七二	(一六)辰《しん》斯《し》王 八		☆靺鞨や、高句麗としばしば戰つた。☆八年秋、高句麗王、四萬の精兵をひきゐて來襲し、石峴《せきけん》など十餘城を失つた。	晋孝武
一〇五二 三九二	仁徳天皇 八〇	(一七)阿《あ》莘《しん》王 一四		☆四年、高句麗廣開土王《くわうかいどわう》の軍兵と浿城《はいじやう》に戰ひ大敗。☆六年、大和と修好《しうかう》を交し、太子腆支《てんし》を質子に送つた。★二年、オリムピア競技《きやうぎ》の終。	晋安
一〇六五 四〇五	履中天皇 六	(一八)腆《てん》支《し》王 一六		☆この代以後、大和との交通頻繁《ひんぱん》。☆五年、大和の使が夜光《やくわう》珠《じゆ》をもたらしたので、王は、優禮《いうれい》をもつて、これを受けた。☆十四年夏、白綿《はくめん》を大和に贈つた。	晋安
一〇八〇 四二〇	允恭天皇 九	(一九)久爾《きうじ》辛《しん》王 八		★元年、劉裕《りうゆう》、帝を稱し、國號を「宋《そう》」となした。兩晉は、前後百五十六年で滅んだ。	宋武
一〇八七 四二七	允恭天皇 一六	(二〇)毗《ひ》有《いう》王 二九		☆二年春、大和の使が來朝した。從者五十人。☆二十一年、穀物《こくもつ》が實《みの》らず、飢民《きみん》の新羅に移る者が續出した。	宋文
一一一五 四五五	安康天皇 二	(二一)蓋《がい》鹵《る》王 二一	棊《ご》	☆二十一年、高句麗長壽《ちやうじゆ》王に攻められて王は薨じ、その子の文周《ぶんしう》が、城を熊津《ゆうしん》(公州)に移した。	宋孝武

一一三五 四七五	雄略天皇 一九	(二二)文《ぶん》周《しう》王 三		☆三年五月、熊津江に黒龍《こくりゆう》があらはれた。☆四年九月、王は逆臣《ぎやくしん》に弑《しい》されて薨じた。★二年、西ローマ滅亡。	宋後廢帝
一一三七 四七七	雄略天皇 二一	(二三)三《さん》斤《きん》王 三		☆二年、宰相《さいしやう》解仇《かいきう》が謀叛《むほん》し、王兵のために殺された。★この代の前後、大和と宋の交通頻繁。	宋順
一一三九 四七九	雄略天皇 二三	(二四)東《とう》城《じやう》王 二三		☆二十二年、臨流閣《りんりうかく》を宮中に築いた。高さ五丈。又、池を造り奇禽《ききん》を飼《か》つた。★大和の物價は、稻一石《いつこく》、銀錢一文。八年、貨幣《くわへい》のことが始めて日本の歴史に見えた。	齊高
一一六一 五〇一	武烈天皇 三	(二五)武《ぶ》寧《ねい》王 二三		☆大和との交渉《かうせふ》いよいよ親密《しんみつ》を加へ、五經《ごきやう》博士を送つてその文教《ぶんけう》を助け、その代り、武力の上で幾多の便益《べんえき》を受けた。	梁武
一一八三 五二三	繼體天皇 一七	(二六)聖《せい》王 三二		☆十六年春、都を泗沘《しじ》(一名所夫里《そぶり》、今の扶餘《ふよ》)に移し、國號を「南扶餘」と稱へた。☆十九年、梁《りやう》より工匠《こうしやう》や畫師《ぐわし》を招いた。☆三十年、佛像と經論《きやうろん》を日本に送つた。	梁武
一二一四 五五四	欽明天皇 一五	(二七)威《ゐ》德《とく》王 四五		☆新羅とたびたび戰つた。☆二年、王子惠《けい》、大和を訪ひ、翌年歸國。☆二十八年以後、隋《ずゐ》と親近《しんきん》した。	陳武
一二五八 五九八	推古天皇 六	(二八)惠《けい》王 二		★聖德太子《しやうとくたいし》御攝政《ごせつしやう》。	隋文

一二五九 五九九	推古天皇 七	(二九)法《ほふ》王 二		☆即位の年の冬、殺生《せつしやう》を禁じ、民家の鷹《たか》を放たせ、漁獵具《ぎよれふぐ》を火に燒かせた。★隋と突厥《とつけつ》の衝突。	隋文
一二六〇 六〇〇	推古天皇 八	(三〇)武《ぶ》王 四二		☆三年、僧觀勒《くわんろく》が暦《こよみ》と天文書《てんもんしよ》を日本にもたらした。☆一二年、隋が高句麗を討つに及び、隋を助けるやうに見せた。★八年、奈良法隆寺《ほふりゆうじ》創建。★三十五年、始めて「日本史」に彗《すゐ》星《せい》のことが記された。	隋煬
一三〇一 六四一	舒明天皇 一三	(三一)義《ぎ》慈《じ》王 二三	黄山《くわうざん》の戰 落花岩《らくくわがん》	☆新羅や高句麗との衝突絶《た》えず、二十年に至り、つひに新羅の金庾信《きんゆしん》及び唐の蘇定方《そていはう》聯合軍に滅された。★十二年、大和は、始めて戸籍《こせき》をつくつた。	唐高

三國時代國王系圖

新羅 〈五十六王、九百九十二年〉

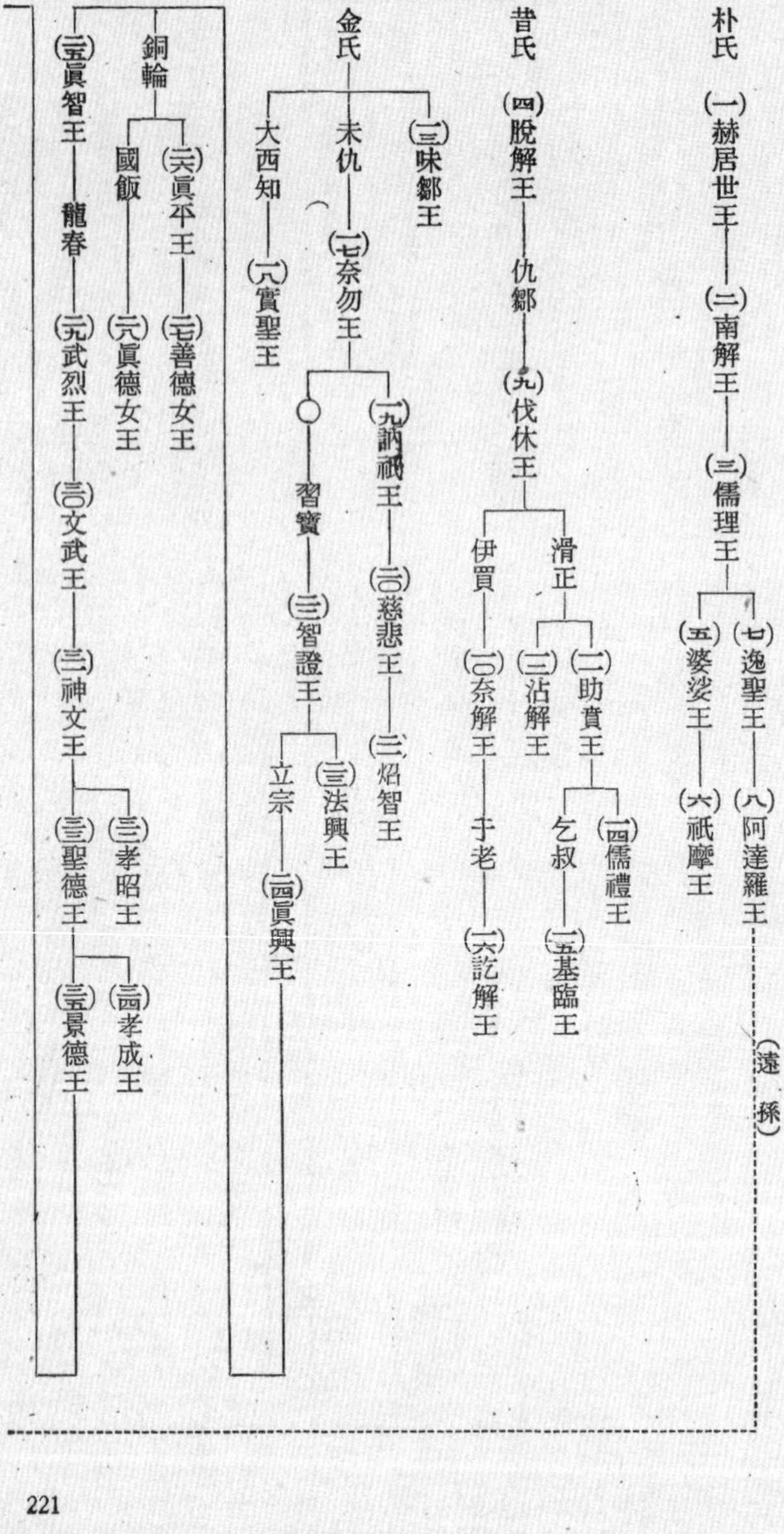

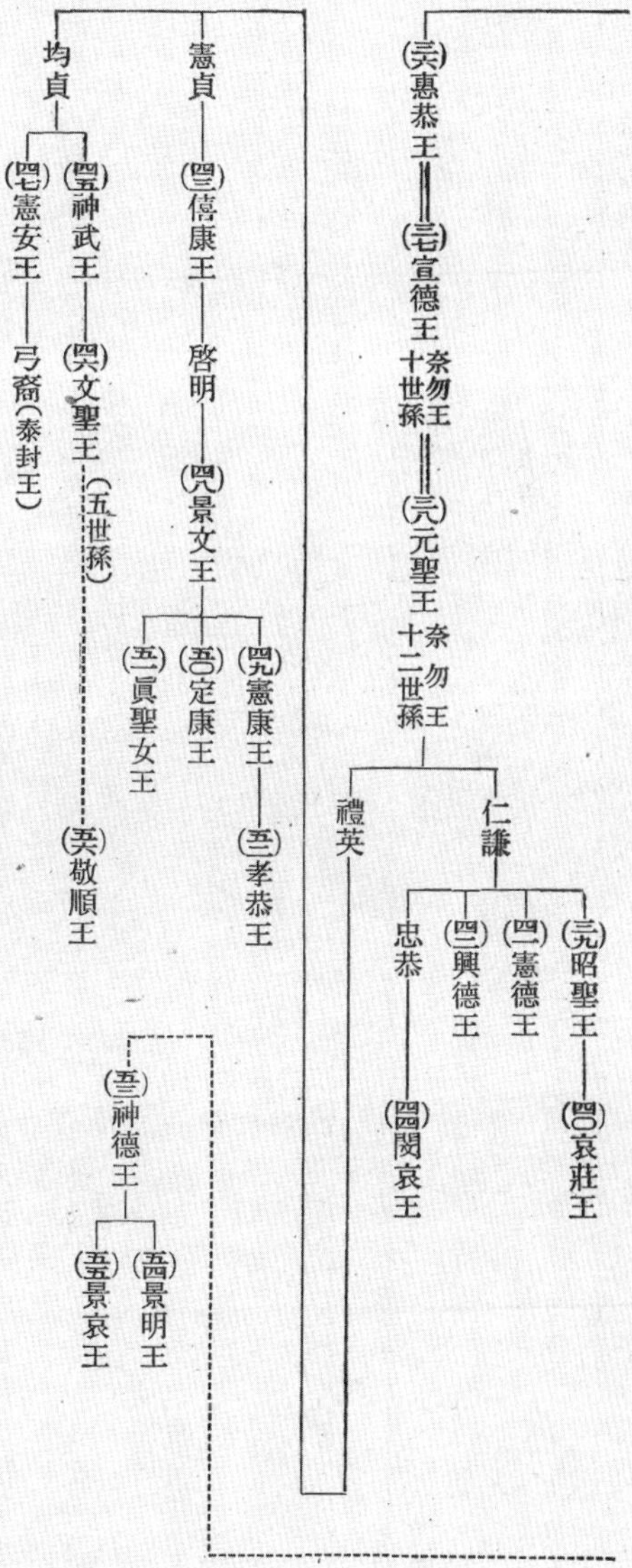

高句麗 〈二十八王、七百五年〉

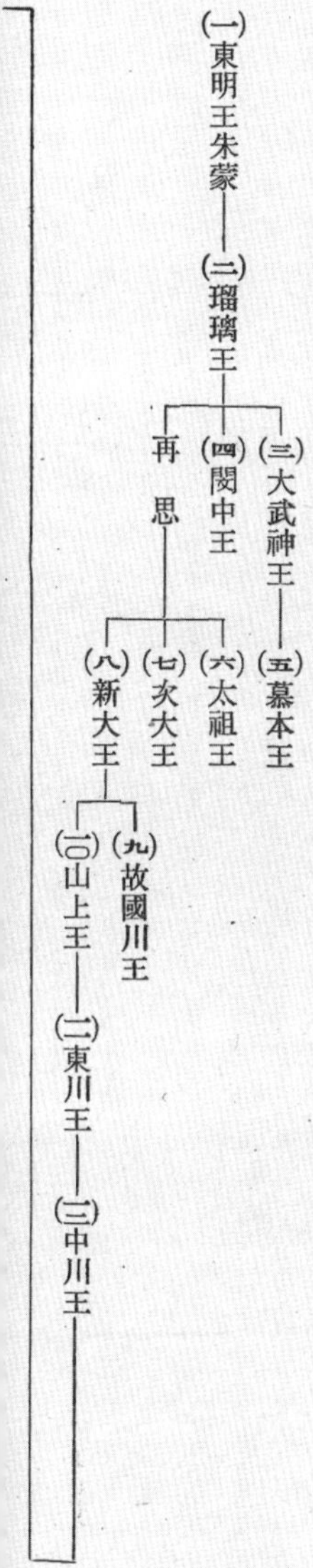

(一三)西川王
- (一四)烽上王
- 咄固—(一五)美川王—(一六)故國原王
  - (一七)小獸林王
  - (一八)故國壤王—(一九)廣開土王—(二〇)長壽王—早多—(二一)文咨王
    - (二二)安藏王
    - (二三)安原王—(二四)陽原王—(二五)平原王
      - (二六)嬰陽王
      - (二七)榮留王
      - 大陽—(二八)寶藏王

百濟〈三十一王、六百七十八年〉

(一)溫祚王—(二)多婁王—(三)已婁王—(四)蓋婁王
- (五)肖古王—(六)仇首王
  - (七)沙伴王
  - (一一)比流王—(一三)近肖古王—(一四)近仇首王
    - (一五)枕流王—(一七)阿莘王—(一八)腆支王—(一九)久爾辛王—(二〇)毗有王
      - (二一)蓋鹵王—(二五)武寧王—(二六)聖王—(二七)威德王—(二八)惠王—(二九)法王—(三〇)武王
        - (三一)義慈王
        - 豐璋
      - (二二)文周王—(二三)三斤王
      - 昆支—(二四)東城王
    - (一六)辰斯王
- (八)古爾王—(九)責稽王—(一〇)汾西王—(一二)契王

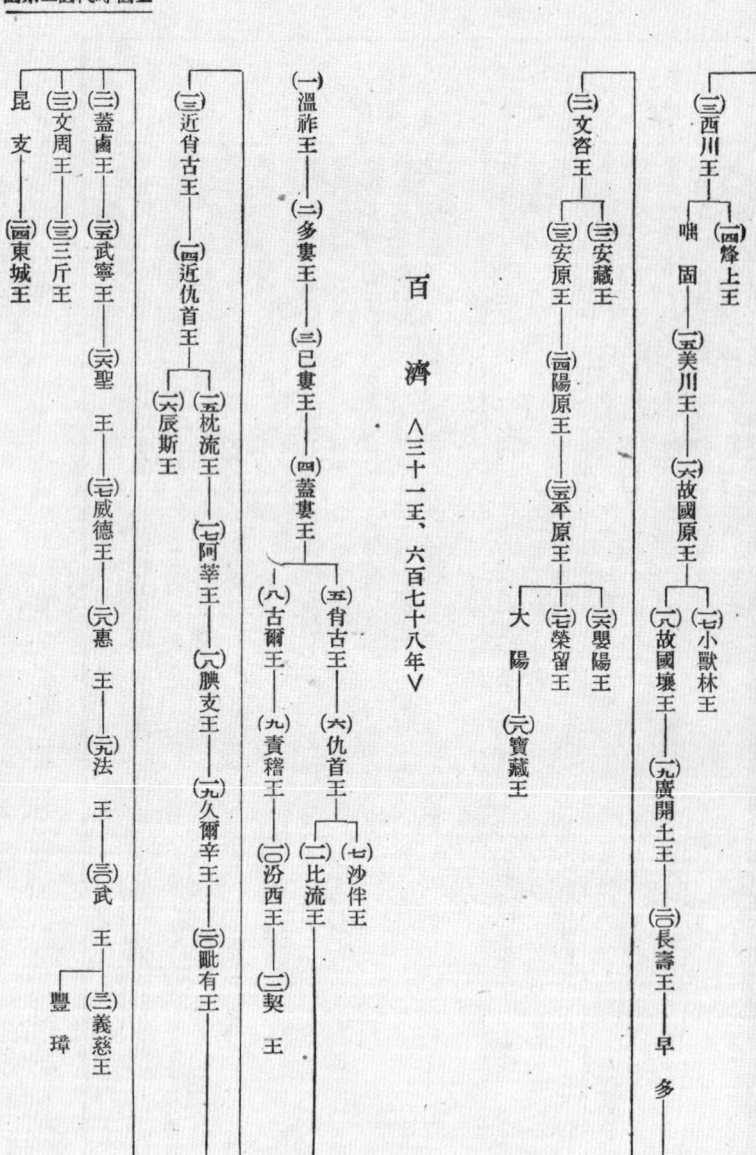

三國要覧

	新羅	高句麗	百濟
建《けん》國《こく》	壇君紀《たんくんき》二二七七年、辰韓《しんかん》に國を開き、六部の長《をさ》に推戴《すゐたい》されて始祖《しそ》赫《ほ》居世《こせ》が位に卽《つ》いた。國號は、初め「徐羅伐《ソラボル》」、後、「雞林《けいりん》」、三たび改められて「新羅」となつた。	東扶餘《ひがしふよ》より出た朱蒙東明《しゆもうとうめい》王によつて建國。初め「卒本扶餘《そつほんふよ》」と稱《とな》へ、後、句麗國《くりこく》を討つてこれを取るに及び、「高句麗《かうくり》」と改められた。壇紀《たんき》二二九七年。	朱蒙の子溫祚《をんそ》が、兄沸流《ふつりう》と共に高句麗を出て南に國を建てた。初め、「十濟《じふさい》」といひ、後、「百濟《くだら》」と改められた。壇紀二三一六年で、高句麗に後ること約二十年。
領《りやう》域《ゐき》	建設期《けんせつき》—辰弁韓《しんべんかん》(現、慶南北)。統一《とういつ》新羅期—三方は海、北は渤海《ぼつかい》に接した。(現、京畿《けいき》か江原《かうげん》以南の中部及び南部朝鮮一圓)。衰亡期《すゐばうき》—初期にほぼ同じ。	今の平安《へいあん》・咸鏡《かんきやう》から北へ黑龍江流《こくりゆうかうりう》域《ゐき》一帶、西に遼水《れうすゐ》まで國土をひろげた。現、滿洲國に沿海州《えんかいしう》一帶と北西部朝鮮を加へた廣さである。高句麗滅亡の後に、この跡へ渤海が國を置いた。	現、京畿《けいき》・忠淸《ちゆうせい》・全羅《ぜんら》の一圓。東南は新羅に、北は高句麗に接した。
國《こく》都《と》	金城《きんじやう》・月《げつ》城・明活《めいくわつ》城(何れも現、慶北慶州)。	卒本城(現、滿洲國興京《こうきやう》の東)。國內《こくない》城(輯安縣通溝《しふあんけんつうこう》)。長安《ちやうあん》城(平壤《へいじやう》)。	慰禮城《ゐれいじやう》(京畿道廣州の北)。北漢山(京城)。熊津《ゆうしん》城(忠南公州)。所夫里《そぶり》(忠南扶餘)。
官《くわん》制《せい》	王位は朴《ぼく》・昔《せき》・金《きん》の三姓に傳はり、政府は執事省《しつじしやう》・位知府《ゐちふ》等十部門に分たれた。角干《かくかん》以下十七等の位階《ゐかい》があり、上大等《じやうだいとう》・令等《れいとう》の官職《くわんしよく》のほか、地方には軍主《ぐんしゆ》と僧官《そうくわん》を分置《ぶんち》。	中央は莫離支《まくりし》の下に諸加《しよか》と大對盧《だいたいろ》、太大兄《たいだいけい》などがあり、地方には傉薩《じよくさつ》、處宮近支《しよきゆうきんし》を分置して、軍政《ぐんせい》をも兼ねさせた。國學に博士を別置した。	政府は內官十二部、外官十部に分たれ、內臣《ないしん》・內頭《ないとう》等、六大臣によつて、政治が分掌《ぶんしやう》された。

文《ぶん》化《くわ》	人《じん》物《ぶつ》	産《さん》業《げふ》	風《ふう》俗《ぞく》	對《たい》外《ぐわい》	滅《めつ》亡《ばう》
神・佛教の隆盛《りゆうせい》と共に工藝美術《こうげいびじゆつ》が發達した。多く唐の文化を移植《いしよく》し、又、鄕札《きやうさつ》のほかに漢文を並用《へいよう》した。獨特《どくとく》の制度に、花郎《くわらう》・國仙《こくせん》があり、名門《めいもん》の子弟《してい》から擇《えら》ばれて、人材登《じんざいとう》用《よう》の機關《きくわん》となつた。	金庾信《きんゆしん》(將相)。沈那《ちんな》(勇將)。元曉《げんげう》・義相《ぎさう》(禪師《ぜんじ》)。崔致遠《さいちゑん》(碩學《せきがく》)。强首《きやうしゆ》・金大問《きんたいもん》(文章)。率居《そつきよ》(畫聖)。于勒《うろく》(樂人《がくじん》)。金生《きんせい》(名筆)。	農・商・工。	辰韓の習俗《しふぞく》を承《う》け、王家は血族婚《けつぞくこん》。殉葬《じゆんさう》・立碑《りふひ》・喪服《もふく》等は三國が大同《だいどう》小異《せうい》であるが、新羅では主として火葬《くわさう》が行はれた。婦人は髪《かみ》を編《あ》み頭上に巻いた。	代〻唐に親近《しんきん》し、つひにその力を借りて三國を統一《とういつ》した。	敬順《けいじゆん》王が自ら高麗太祖《かうらいたいそ》(王建《わうけん》)に降り、九百九十二年にして國を閉ざした。
儒《じゆ》・佛《ぶつ》・道《だう》の三教を鼎立《ていりつ》せしめ、唐に留學生《りうがくせい》を送つて、外國文化を吸《きふ》收《しう》した。東海の戰船隊《せんせんたい》と、玄鶴琴《げんかくぎん》が著名《ちよめい》であつた。	烏《う》伊《い》・麻《ま》伊《い》・陝父《けふふ》(建國功臣《けんこくこうしん》)。乙巴素《おつばそ》(政治學者)。溫達《をんたつ》(武將)。乙支文德《おつしぶんとく》(名將―隋寇《ずゐこう》を大破)。淵蓋蘇文《えんがいそぶん》(國相―制度革新《かくしん》)。	農・商・工。	婚姻《こんいん》は、子の生まれた後、はじめて一家を成す慣《なら》はしであつた。それまでは夫婦といはず。衣服は筒袖《つつそで》、大口袴《おほぐちばかま》、白韋《しろかは》の帶《おび》、黄皮《きがは》の靴《くつ》等。	强大國隋・唐と戰ひ、大捷《たいせふ》して國威を中外に宣揚《せんやう》した。新羅・百濟が入貢《にふこう》。	羅《ら》・唐聯合軍《れんがふぐん》に敗れ、寶藏《はうざう》王を最後に、七百五年の歴史を終へた。
神・儒・佛教が盛で、佛教・工藝美術・漢文等、多くの文化を日本へ傳へた。日本よりの留學生も迎へられた。	烏《う》干《かん》・馬《ば》黎《れい》・階伯《かいはく》(名將)。王仁《わに》(博士―日本へ漢文を移植)。	手工業《しゆこうげふ》・一般産業。	婚姻には支那大陸の風俗が取入れられた。罪《つみ》ある者は奴隷《どれい》にされ、葬《とむらひ》は、乾葬《かんさう》を通例《つうれい》とした。	新羅と戰ふことで終始し、累代《るゐだい》にわたつて宿怨《しゆくゑん》を深めた。	建國六百七十八年にして、唐の蘇《そ》定方《ていはう》と新羅金庾信の聯合軍によつて討滅された。

朝鮮歴代表

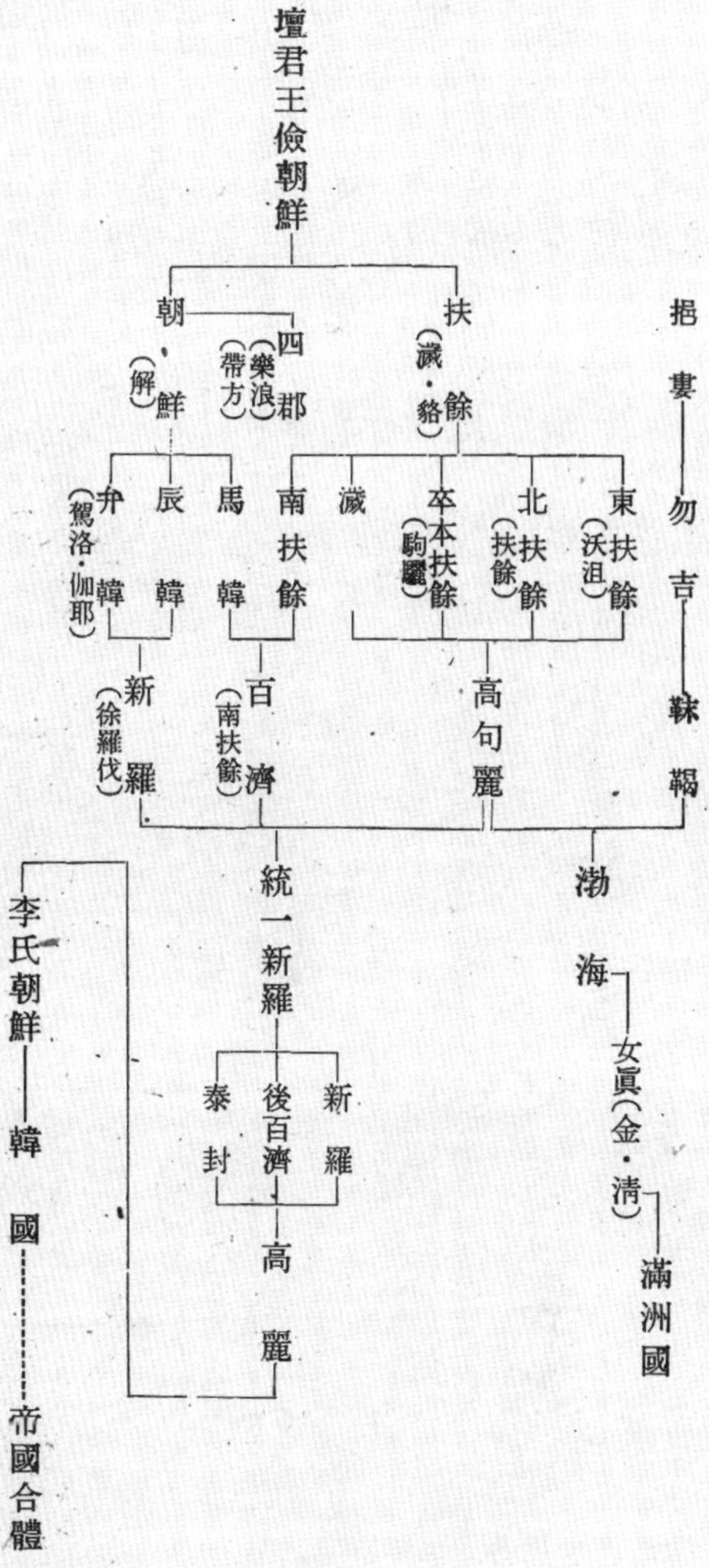

壇君王儉朝鮮
朝鮮
(解)
四郡
(樂浪)
(帶方)
扶餘
(濊・貊)
挹婁
勿吉
靺鞨
弁韓
(駕洛・伽耶)
辰韓
馬韓
南扶餘
濊
卒本扶餘
(駒麗)
北扶餘
(扶餘)
東扶餘
(沃沮)
新羅
(徐羅伐)
百濟
(南扶餘)
高句麗
統一新羅
渤海
女眞(金・清)
滿洲國
泰封
後百濟
新羅
高麗
李氏朝鮮
韓國
帝國合體

あとがき

○

上野公園の、西郷《さいがう》さんの銅像《どうざう》から遠くないところに、石碑《せきひ》が二つ並んでゐる。百濟《くだら》の王仁博士《わにはかせ》を記念するために建てられたもので、昔をしのぶにふさはしい文字が、彫刻《ほりきざ》まれてゐる。目の前のことにこせこせして、心の裕《ゆとり》を失ふやうなとき、目を閉ぢて、古い昔を思ひかへしてみたまへ。たつた千年か、二千年でよい。そこには、今の吾々と、およそかけ離れた古代の生活があつた。

始めて日本へ漢字をもたらした王仁といふ人は、どんな船に乗つて、どんな旅をして來たのだらう。まるで言葉がわからないのに、どうして漢文のやうなこみ入つたものが、傳へられたのであらう。もつともその頃は、百濟の人も大ぜい來てゐたといふから、きつと、その中の誰かが通譯《つうやく》に立てられたに違ひない。さうした人たちが朝廷に仕へるときも、着物は、やつぱりもとのままだつたといふ。それでゐて、少しもさしさはりが無かつたのだから、昔の人はよくよく大まかで、のんびりしてゐたのだ。――それやこれやを想像《さうざう》してみただけでも、樂しいではないか。

この本の最初の物語は新羅《しらぎ》の建國《けんこく》から始る。きみたちが、もし、理窟《りくつ》一點ばりの解釋《かいしやく》でかかつたら、こんなばかばかしい子供だましのやうな話はない。だいいち、卵から人間が生まれるわけは

陶製騎形容器　三國時代新羅。背の上の盃形をしたのが水を入れるところ。馬の胸に突出てゐるのが注ぎ口。馬具や、武装の實際を知る上の得難い資料といはれる。高さ二四糎（總督府博物館藏）

ないし、ひさごを腰につけて海を渡つたといふ瓠《こ》公《こう》の話だつて、まるでお伽《とぎ》ばなしだ。ところが、實はこんな他愛《たあい》もない物語の中に、古代の歴史をしらべる上の汲《く》めどもつきぬ樂しさがあるのだ。

少しばかり、受賣《うけうり》をしよう。神代時代を研究《けんきう》してゐられる沖野《おきの》先生のお話だ。

鷄《にはとり》に、チャボだの、シャモだの、レグホーン、コーチンなどといふ名前がある。みんな、馬來《マレー》半島や、佛領《ふつりやう》

印度から來たもので、そこの土地の名が、そのままなまつて、鷄の名になつてゐるとのことだ。鷄だけが、ひとりでやつて來るわけはないから、それと一緒に、他の文化も移植《いしよく》されたと考へてよい。そして、その文化の受入れ方も、ところによつてそれぞれ違つてゐた。早い話が、同じ鷄が西洋へ渡つてはチキン料理となり、支那・朝鮮・日本では、「生きた時計」となつた。おもしろい對照《たいせう》ではないか。

因幡《いなば》の兎《うさぎ》の話を、きみたちは知つてゐる。兎にだまされたと知つて、鰐《わに》ざめが兎の毛をむしり取る。兎が痛くて泣いてゐると、そこへ大國主命《おほくにぬしのみこと》がお通りがかりになつてわけを聞かれ、眞水《まみづ》とがまの穗《ほ》わたを敎へておやりになる。――ところで、鰐ざめといふのは何だらう。古い書物《しよもつ》には、ただ「鰐」とあるが、日本に鰐のあるわけはない。そこで、これは、南洋あたりと、古代の日本を繋《つな》ぐ物語だといふ判斷《はんだん》が下される。

さて、これは前置き――、赫居世《ホコセ》王の場合はどうか。

赫居世王は卵から出たといふ。赫居世王にかぎらず、偉い人は誰でも卵からときめてゐる。高《かう》句麗《くり》の朱蒙《しゆもう》や、脫解《だつかい》や、任那《みまな》の六人がみなさうだ。これは「卵生說《らんせいせつ》」といふ傳說《でんせつ》の中の一つの型《かた》で、これを深くせんぎすると、文化の流れ入つた足跡《あしあと》がわかる。それはしばらくおいて、赫居世王の姓《せい》を「朴《ぼく》」としたのは、卵がひさごに似てゐたからだといふ。（ひさごと朴はどちらも「バク」で、同音《どうおん》）

ほんたうに、それだけの理由《りいう》だらうか。直感《ちよくかん》の鋭《するど》い熱心な歴史家は、ここで首をかしげる。——私のいはうとすることを、手つとり早くぶちまけよう。

赫居世王の臣下に瓠公といふ人があつて、ひさごを腰につけて、日本から海を渡つて來たといふ。腰につけたといふのは、船べりへつけたといふ意味である。古代の人が、船べりに澤山のひさごをつけて、浮く力と覆《くつがへ》らぬための用心を兼《か》ねたのは、古い書物をしらべた人なら誰でも知つてゐる。瓠公は、さういふ船に乘つて玄界灘《げんかいなだ》を渡つた人である。

いつ來たといふことがない。いつの間《ま》にか赫居世王の臣下となつてゐる。——そこで考へられるのは、赫居世王も或は瓠公と一緒に海を渡つて來た人ではないか、といふことである。赫居世は王となつたために、おきまりの卵生說に仲間《なかま》入りをしてしまひ（貴い人だから）、瓠公だけがひさごをつけて來たと、明らかにされたのではないか。それならば、「朴」といふ姓のよりどころも、始めてうなづかれる。

一つの假說《かせつ》であるが、かうした說を除《のぞ》いて、古代の歴史をうかがふよすがはない。ばかばかしいと片づける前に、一應《いちおう》は思をはせ、條理《でうり》を與《あた》へてみる。——すると、そこに、脈々《みやくみやく》とした生きた現實《げんじつ》が、形をあらはして來る。

この本は、歴史に重きを置いたものではない。物語の一つ一つを傳へることが出來れば、事足《ことた》りる

純金製王冠　三國時代新羅。硬玉・玻《は》璃《り》の勾玉數十を飾り，冠の上部に黄金の鳳《ほう》凰《わう》の翔《か》けるさまを現してゐる。（總督府博物館藏）

のであるが、いきほひ歴史も物語のたて絲として、大切に扱《あつか》はねばならない。それで巻《くわん》末《まつ》には、少しくどいほどの年表などを添へて置いた。氣をつけてくれる讀者には、物語の内容《ないよう》の他にも、何かと興味《きようみ》ある發見があるだらうと思ふ。

○

遙かな昔、亞細亞大陸の東に、「震《しん》」といふ土地があつた。ここには穴に住み、獸を獵《れふ》して暮す「狄《えびす》」がゐたが、今よりほぼ五千年前、「白民《はくみん》」といふ種族の群《むれ》が來て「狄」を追ひ散らし、「震」の土地に根をおろした。この「白民」は、家を建てることや、田を耕《たがや》すこと、絲を紡《つむ》ぐことなどを知つ

てゐた。また、病をなほすこと、部落を成して互に助けあふ禮節《れいせつ》を心得てゐた。天の神を信仰《しんかう》し、高い山に祭つて、これを「白山《はくさん》」と呼んだ。その中の本家《ほんけ》格《かく》にあたるのが「太白山《たいはくさん》」で、今の白頭《はくとう》山《ざん》である。

そのうち、「白民」の中から、天のやうに仰がれる一人の神人が現れた。「壇君《たんくん》」といつて、「白民」がいただいた最初の君長《くんちやう》である。壇君は太白山の下に國を建て、これを「朝鮮」と呼んだ。今よりおよそ、四千二百六十餘年の昔にあたる。

始め壇君は、太白山の下、天坪《てんぺい》といふのに都を置いたが、だんだん南へ來て、今の大同江流域《だいどうかうりうゐき》、九月山《くげつざん》一帯に中心を移した。かうして前後一千二百年、壇君の世嗣《よつぎ》によつて民を治めたが、おひおひに國のやうすが變つて來るにつれて、新しい掟《おきて》が設けられ、君主の地位も「奇子《きし》」にゆづられた。(五千の民をひきつれて支那本土から來た、「箕子《きし》」だといふ從來の說に對して、崔南善《さいなんぜん》氏は音《おん》が似《に》てゐるための混同《こんどう》だといひ、「奇子」說を稱《とな》へてゐる。白民の姓の中に、正統《せいとう》とみなすべき「奇」氏がある由《よし》で、ここでは、崔南善氏の說にしたがふ。)

奇子時代には、内に農業が進み、外に海を距《へだ》てて支那との貿易《ぼうえき》が行はれ、それにつれて、多くの技術《ぎじゆつ》や文化が移入された。鴨綠江《あふりよくかう》・大同江を中心に、南北百餘里(日本里程)に及んで領土を構《かま》へたが、この時も國の名は、やはり「朝鮮」といつた。

武烈王陵の亀《き》趺《ふ》　新羅二十九代王（慶州）

いまより二千七百年ほど前、支那に大きな戰亂《せんらん》があり、幾百年もこれがつづいて、避難民《ひなんみん》たちが朝鮮に集るやうになつた。支那から來たこの移住民たちが、五・六百年の間に侮《あなど》り難《がた》い勢力《せいりよく》をつくつて、つひに朝鮮の朝廷を奪《うば》ひ、自分たちの中から「衛満《ゑいまん》」といふ者を立てて王とした。ひさしを貸して母屋《おもや》を取られたのである。「奇子朝鮮」は九百年つづき、かうした事情から、「衛満朝鮮」に政權《せいけん》が渡された。

その頃、朝鮮と支那の間には貿易上の淺からぬ關係があり、その中間に衛満の政權が立ちはだがつて、利益を横取りするので、支那ではこれを憎《にく》み、軍兵をさし向けて衛満を滅した。そして、その跡へ、「樂浪《らくらう》」、「臨《りん》

屯《とん》」、「眞番《しんばん》」、「玄菟《げんと》」の四つの郡を置いた。ところが樂浪を除いた三つの郡は、本土の民の反抗《はんかう》によつてぢきに潰《つぶ》され、樂浪だけが、今の平安・黄海にまたがつて政權を維持《ゐぢ》した。あたかも支那では「漢」といふ國が、隆盛《りゆうせい》を誇《ほこ》つてゐた時分で、この漢の進歩した技術と、朝鮮の多くの財力によつて、樂浪の文化は驚くべき發達を遂《と》げた。また、支那本土のやうに、大きな戰《せん》禍《くわ》を蒙《かうむ》ることが無かつたので、樂浪の榮華《えいぐわ》は長い間つゞいた。

漢人のために國を奪はれた土着の朝鮮人は、四方に散つて思ひ思ひに國を建てた。樂浪を中心にしていへば、南に、今の忠清・全羅《ぜんら》・慶尙《けいしやう》へかけて「韓《かん》」があり、その北、江原道《かうげんだう》に「濊《わい》」があり、その北、今の咸鏡道《かんきやうだう》あたりに「沃沮《よくそ》」があり、鴨綠江を距ててさらに北へ、古くからの「扶餘《ふよ》」があつて、これらの國の間には、小さな幾つもの國が挾《はさま》つてゐた。

しかし、「樂浪」の根は深くおろされてゐて、そのためにかずかずの壓迫《あつぱく》を忍《しの》ばねばならない。そこで、この外來《ぐわいらい》の勢力を朝鮮から追出すために、さまざまな工夫《くふう》が拂はれた。それには先づ第一に、力を合はせて一つとならねばならない。それに氣がついて、おひおひに國の統合《とうがふ》が行はれ、今より千八百年ほど前に「高句麗」が、それより百年ばかり後《おく》れて南の方に「百濟」が、それぞれ國を建てた。また、それより先立つて、慶尙道の地に「新羅」も興《おこ》つた。

これらの力が、前後左右から搖動《ゆりうご》かして、さしもの四百年に亙《わた》る「樂浪」の深い根を拔去り、始

慶州佛國寺の一部　新羅三十五、景德王のとき、金大城の創建したもの。（紀元一四一一年）

めて、朝鮮から外來人の勢力が驅逐《くちく》された。高句麗美川《びせん》王の十四年で、今を距《さ》る千六百三十年前である。

新羅・高句麗・百濟――、この三つの國の前に朝鮮が辿《たど》つて來た足跡を、これで一通りかいつまんで述べた。興味が歴史に片寄つては、いいかんじんの物語がお留守《るす》になるきらひもあるが、一應ここまでの經路《けいろ》は知つて置いてもらひたい。三國時代そのものを理解するためにも、これは必要なことだ。

○

私がこの本を書かうと思ひ立つた動機《どうき》は、「歴史」にあつたのではない。埋《うづ》もれた古い物語を取上げて、今日の私たちの生活とくらべ、またそこから、何かの「訓《をしへ》」を汲まうとする

にあつた。

その私のくはだてが、どの程度《ていど》に成し遂げられたかはわからない。ただ、これだけのことはいへる。千年間の記録《きろく》にある出來事の中から、大事な話だけは、そつくりここに移して置いた。諸君が大きくなつて、專門《せんもん》の歷史書を殘らずしらべても、これ以上の重大な事柄《ことがら》や、感銘《かんめい》深い物語を、三國時代の記録から探すことは出來ない。ただ似通《にかよ》つた話や、目的の異《ことな》つた話は省《はぶ》いたが、さしあたり、ここにある四十あまりの短い物語で、三國時代は總ざらへをしたといつてよい。

いひわけのやうであるが、讀者に對してすまなく思ふことが、二、三ある。

物語に一さい脚色《きやくしよく》をせず、なるべくもとの形をそのまま通すことに心を配《くば》つた。記録が簡略《かんりやく》であるだけ、想像を逞《たくま》しうするくだりはいくらもあるが、その想像が一つ間違ふと、とんでもない結《けつ》果《くわ》になる。よほどの自信が無くては、これは出來ないことだ。そこで、いきほひ、物語に艶《つや》が乏《とぼ》しく、あとくちの物足りぬものとなつた。これが一つ――。

つぎは、耳新しい話だけに、興味もあるであらうけれど、それとちやうど正比例《せいひれい》して、なじめぬ點が多いだらうといふことだ。かりに諸君が、源平期《げんぺいき》の物語を讀むとする。「源九郎義經《げんくらうよしつね》」――ああ、あの牛若丸だな、すぐわかる。物語の大體のすぢが、いつとはなしに頭にしみ入つてゐる。少しばかり字畫《じくわく》の多い名が出て來ても、そのために親しさを失ふことはない。ところで「乙支文德《おつしぶんとく》」の、

石窟庵の内部(部分)　佛國寺裏の含《がん》吐《と》山《ざん》頂《てう》にあり，佛國寺と同じく金大城の建立といはれる。

「勿稽子《もつけいし》」のと、聞いたこともない奇妙《きめう》な名前にぶつかつては、それだけでも、よい加減《かげん》くたびれてしまふ。讀む人には氣の毒、書く身にとつては肩身《かたみ》のせまい思であるが、これはしかし、かういふ本をつくるからには渡らずにゐられぬ一本橋である。どこにも逃場がない。

いま一つは、漢字の多いといふこと。二千年近くもかかつて、いまだに自分のものになり切れないこのやくかいな荷物のために、私たちは、どれほど苦勞《くらう》をして來たことだらう。ならうことなら、これからの人たちには、この苦勞はゆづりたくないと、しみじみ思ふ。

しかし、ひるがへつて考へると、一が

いにこの文字を、邪魔《じやま》ものあつかひにも出來ない。日本の文化がここまで來るには、この文字の恩も大きかつた。文字だけが、いけないのではない。ことばからして、手入をしなほさねばならぬ。これは、思ひ立つたからすぐどうなるといふやうな、簡單《かんたん》な問題ではない。

そのためには學者といはず、藝術家《げいじゆつか》といはず、日本の文化を指導《しだう》するすべての人々が、心を合はせ、氣をそろへて、根氣《こんき》よく働きかけねばならない。ふりがなといふものを一さいつかはずに、文章を書く。――さうした日が、一日も早く來ることを心から私も待ちのぞんでゐる。

○

朝鮮の神話傳說、昔噺《むかしばなし》、それに、歷史の落穗《おちほ》を一とほり整理《せいり》して、四、五册の書物《しよもつ》をまとめようと思ひ立つたのは、ちやうど支那事變のはじまつた昭和十二年の秋ごろであつた。その後三年あまりしていよいよ原稿《げんかう》にかかり、十五年の春から冬へかけて、とりあへず「史譚篇《したんへん》」の一册を書きあげた。これは大人《おとな》のための本であるが、それがまだ出來上らぬうちに、同じ資料《しれう》の中から少青年のために書き改めたものが、學習社文庫に加へられることになつた。これからの日本を背負ふ人たちに讀んでもらふ本である。せい一ぱい、心をこめて書いた。

この本を通して、半島の體臭《たいしう》が理解《りかい》され、若い日本の旅支度《たびじたく》に、少しでも手助けとなることが出來たら、それはひとり私だけの喜ではない。

この本の序文《じよぶん》は香港《ホンコン》入城の日に書いた。あれから五十日。いま、シンガポール陥落《かんらく》の快報《くわいはう》に胸《むね》をどらせながら、このあとがきを書終る。何といふ、しあはせな偶然《ぐうぜん》であらう。大東亞のかがやかしい誕生日《たんじやうび》に生まれ合はせた喜――。

誇《ほこ》らしい歴史の創造者《さうざうしや》――、この名に恥ぢぬためにも、私たちはあくまで潔《いさぎよ》い生き方をしよう。

○

學習社の方々には一通りならぬ御面倒《ごめんだう》をかけた。心からお禮を申し上げる。資料のことでは京城の金榮唱《きんえいしやう》君、慶州博物館《けいしうはくぶつくわん》の大坂金太郎氏に負ふところが多い。また、自筆の歴史書を貸していただいた李如星《りじよせい》氏、さしゑの岡村夫二男《ふじを》氏など、みな、この本のためには有難い方々であつた。記して感謝《かんしや》のこころとする。

（昭和十七年二月十六日、鎌倉にて、甚平記。）

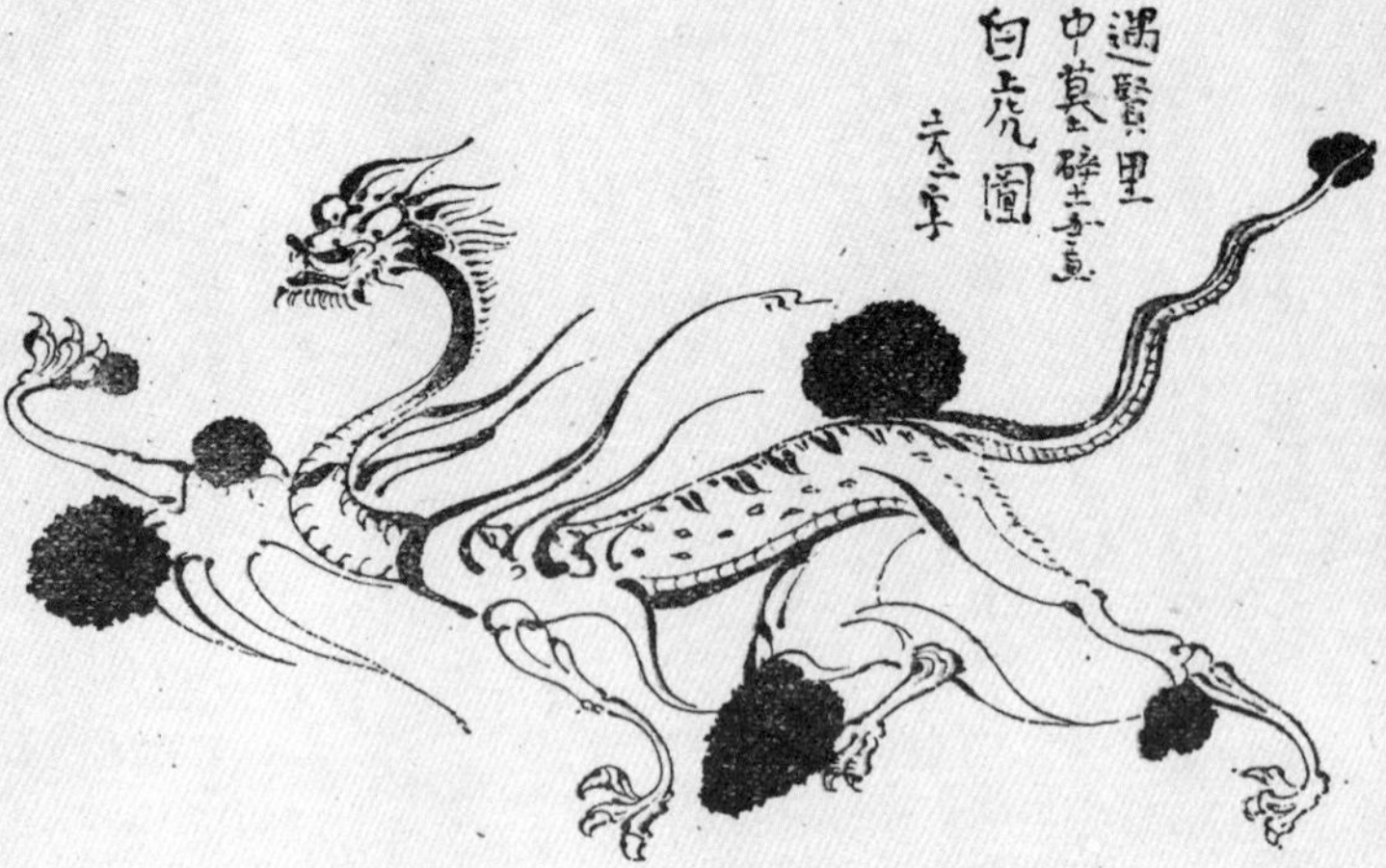

挿繪を描きて

岡村夫二男

今までに、こんなに樂しく、挿繪《さしゑ》を描《ゑが》いたことはありませんでした。日本の武士道そのままの勇壯《ゆうさう》な話や、女性の純情《じゆんじやう》、また夢《ゆめ》を信じるといつた素直《すなほ》な物語は、まつたくうらやましいくらゐであります。

中にも、「馬鹿の溫達《をんたつ》」の話など、寓意《ぐうい》に富《と》んだ、面白い物語であらうと思ひます。溫達は、もとより凡庸《ぼんよう》ならざる人物でありますが、いつの日か、それを見ぬいてゐた、お姬樣の純情な理性《りせい》は、見逃《みのが》してはならないと思ひます。

「安市城《あんしじやう》の血戰《けつせん》」は、挿繪で、十分の説明《せつめい》が出來ませんでしたが、海に陸に、文字通り、雄大《ゆうだい》な血戰であつたらうと思ひます。楠木正成《くすのきまさしげ》のやうな奇略《きりやく》を用ひた作戰や、

物凄《ものすご》い一騎打《いつきうち》だの、記録《きろく》には殘されてゐない武將つはものが、もつともつと大勢をつたに違ひありません。

卵から子供の生まれる話が、二つ三つありましたが、こちらの、桃太郎が桃から生まれるのと違つて、現實的《げんじつてき》といふか、生まれるのはよいとして、生まれてから育《そだ》つ話などは、何となく氣持の惡いものがありました。

☆

黄金《こがね》作りの王冠《わうくわん》や帯飾《おびかざり》、また女官や武人達の、服飾《ふくしよく》や調度《てうど》などの美しさは、如何《いか》にその頃の生活や文化が華《はな》やかであつたかが、夢のやうに想像《さうざう》されます。

☆

風俗資料《ふうぞくしれう》として、王肝墓《わうかんぼ》の小匣《こばこ》・梅山里《ばいざんり》四神塚《しんづか》・彩篋塚《さいけふ》・角抵《かくてい》塚・魯山里《ろざんり》鎧馬《がいば》塚・天王地神《てんのうちしん》塚・雙楹《さうえい》塚・舞踊《ぶよう》塚等の壁畫《へきぐわ》や出土品《しゆつどひん》を、唯一《ゆゐいつ》の參考《さんかう》としました。

その壁畫のうちで、口繪の參考となつた、舞踊塚の狩獵《しゆれふ》の圖の如き、簡勁《かんけい》な筆法《ひつぱふ》による、何等技巧《ぎかう》を弄《ろう》せぬ、圖樣化《づやうくわ》した繪畫的效果《くわいぐわてきかうくわ》は、高句麗藝術《かうくりげいじゆつ》の特長《とくちやう》とも見るべき最も優秀《いうしう》なもので、東西に見る優《すぐ》れた壁畫と比《くら》べても、少しも引目《ひけめ》を感じぬものでありませう。なほ、高句麗藝術の粋《すゐ》ともいふべき遇賢里墓《ぐうけんりぼ》の玄武《げんぶ》とか、白虎《びやくこ》の壁畫とかは、雄渾《ゆうこん》な精神《せいしん》といひますか、神韻縹渺《しんゐんへうべう》、

あたかも古典《こてん》音樂を聞くやうな感があります。是非一度御覧になるやう、お奬《すす》め致します。

☆

その他工藝品《こうげいひん》としての黄金帶締《わうごんおびじめ》や黄金耳飾《みみかざり》、東京美術學校にある金錯銅筩《きんさくどうとう》といふものは、東洋美術史の上にも、大いに誇《ほこ》り得《う》る神品《しんぴん》ともいふべきで、忘れることの出來ないものです。

また神人車馬《しんじんしやば》鏡《きやう》とか、穀壁《こくへき》と稱《しよう》する有名な王器の、高雅《かうが》な偉大《ゐだい》な工藝美術品には、唯々敬服《けいふく》し、驚歎《きやうたん》させられるばかりであります。

本文に入つてゐる木馬《もくば》(彩篋塚出土)など、いななくが如きその表現《へうげん》は、手法の洗煉《せんれん》といひ、しつかりした寫實《しやじつ》といひ、實に鋭《するど》いものを感じるではありませんか。

建築《けんちく》に於ける塔、また佛像《ぶつざう》に至つては、限りある紙數と、自分の研究がまだととのつてゐないので、説述《せつじゆつ》を省略《しやうりやく》いたします。

☆

半島は、もともと我が本土と一味一體のもののやうであつたが、新羅統一時代から、それぞれ別箇の國家を營むやうになり、風俗習慣《ふうぞくしふくわん》をも異《こと》にするやうになつて、同一の生活をしてゐた過去《くわこ》を、偲《しの》ぶよすがもありませんが、今日、この一味一體の昔にかへつて、同一理想《りさう》の下に、我が生命線の護《まもり》を固め、國家の隆盛《りゆうせい》に努めつつあることは、その歴史や文化を、ふりかへつて見れば見

るほど、當然であることが、自《おのづか》ら了解《れうかい》されるのであります。

☆

今日我々は、愈〻融和《ゆうわ》一致《いつち》、和協團結《わけふだんけつ》の時に當つて、過去の文化の、微妙《びめう》な色々の面に接《せつ》して、お互に眞の理解《りかい》に到達《たうたつ》し、以て大東亞共榮《きようえい》のために、心掛けようではありませんか。

三韓昔がたり　終

學習社文庫

鐵　甚平著

〔三韓昔がたり〕

昭和十七年四月十日印刷
昭和十七年四月廿五日發行

(停) 定價 金六拾五錢
送料 十二錢

著作者　鐵《てつ》甚《じん》平《ぺい》

發行者　東京市神田區神保町一丁目一番地
株式會社 學習社
代表者 西村辰五郎

印刷者　東京市蒲田區仲六郷一丁目五番地
株式會社 三省堂蒲田工場
代表者 今井直一

日本出版文化協會 會員番號一〇六五一五

發行所　東京市神田區神保町一丁目一番地
株式會社 學習社
振替口座 東京七三八七七

配給元　東京市神田區淡路町二丁目九番地
日本出版配給株式會社

學習社文庫發行の言葉

日本はいまどういふ時代と、どういふ地位に立つてゐるかといふと、實に振古《しんこ》未曾有《みぞう》の、歷史開展《かいてん》の最高峰《さいかうはう》に立つてゐるのである。それはいふまでもなくまづ大東亞《だいとうあ》共榮圈《きようえいけん》の確立《かくりつ》と、東亞諸民族《しよみんぞく》の皇風化浴《くわうふうくわよく》である。これがいふところの東亞の新秩序《しんちつじよ》の建設《けんせつ》であつて、やがてそれが、世界新秩序のゆるぎなき第一の礎石《そせき》となるのである。世界人類の正義の生活と新しき道念《だうねん》とは、いまや東海の一角、日の本の國より始《はじ》まらんとする。

今次の聖戰《せいせん》は畏くも 天業《てんげふ》の恢弘《くわいこう》であつて、眞《まこと》の日本の姿《すがた》が今世界に顯《あらは》れる時が來たのである。ゆゑに支那事變が終熄《しゆうそく》してもそれで聖戰は終るのではない。わが日本歷史の展開《てんかい》を阻《はば》む國際諸勢力《こくさいしよせいりよく》にたいしては、わが皇國は、どこまでもこゝとむけやはす大御稜威《おほみいつ》の光《ひかり》と、大和民族の道義《だうぎ》の力とをしばしだにゆるめることはできない。この聖業完遂《かむわざくわんすゐ》のための、高度國防力《かうどこくばうりよく》の充實《じゆうじつ》と結成《けつせい》――これこそ我ら一億民生《みんせい》の頭上《づじやう》に課《くわ》せられた大使命《だいしめい》である。

かかる際における少青年――次の世代を擔《にな》ふ若き少國民に、いかなる讀物を贈るべきかといへば、それは澄徹《ちようてつ》せる日本人の頭腦《づなう》と肚《はら》とによつて完全に咀嚼《そしやく》された、次代少青年の血となり肉となる「智慧」と「心熱」とでなければならない。文學も科學も技術も歷史も、このためには新しい用意と覺悟のもとに、全部書換へられることが必要である。

わが社見る所あり、愛國の情熱《じやうねつ》に燃《も》える學者諸先輩《がくしやしよせんぱい》に懇請《こんせい》して、ここに「學習社文庫」の發刊《はつかん》を企畫《きくわく》し、(一)すべて書下《かきおろ》しの、(二)高度の知識をやさしい言葉で、(三)興味津々《きようみしんしん》たる、(四)挿繪《さしゑ》を豐富《ほうふ》にし、(五)極度《きよくど》の廉價版《れんかばん》で、以上の五項《かう》をモットオとして、皇國民鍊成《くわうこくみんれんせい》に必要な一大文化文庫《いちだいぶんくわぶんこ》の完成《くわんせい》に邁進《まいしん》することとなつた。書目選擇《せんたく》の剴切《がいせつ》と、內容のいかに淸鮮《せいせん》であるかは、既刊《きかん》書を一瞥《いちべつ》せらるることによつて直ちに判斷《はんだん》し得るとおもふ。切に讀者諸子《ごし》の御支援《しえん》を期待《きたい》する次第である。

紀元二千六百一年九月

株式會社 學習社
代表者 西村辰五郎

學 習 社 版